내 아이
부자로 키우는
엄마의
경제 수업

**내 아이 부자로 키우는 엄마의 경제 수업**

**초판 1쇄** 2022년 10월 14일
**지은이** 주은숙 ｜ **펴낸이** 송영화 ｜ **펴낸곳** 굿위즈덤 ｜ **총괄** 임종익
**등록** 제 2020-000123호 ｜ **주소** 서울시 마포구 양화로 133 서교타워 711호
**전화** 02) 322-7803 ｜ **팩스** 02) 6007-1845 ｜ **이메일** gwbooks@hanmail.net

ⓒ 주은숙, 굿위즈덤 2022, *Printed in Korea.*

**ISBN** 979-11-92259-68-0 03320 ｜ **값** 15,000원

내 아이에게 무엇을 남겨줄 것인가?

# 내 아이
# 부자로 키우는
# 엄마의
# 경제 수업

주은숙 지음

굿위즈덤

가난한 집안에서 태어난 나는 20대까지 아무런 희망이 없이 살았다. 꿈도 희망도 없었고, 하루하루 때우듯 지루하게 살았다. 그러다 영어를 만나고, 나에게도 열정이 있다는 사실을 깨닫게 된다. 그리고 아이들을 가르치면서 처음으로 '좋은 사람이 되고 싶다'는 생각을 하게 된다. 그 후로, 나는 생각과 믿음을 바꾸고, 내가 원하는 대로 삶을 개척해왔다. 좋아하는 일을 하며 경제적으로 풍요롭고 꽤 만족스러운 삶을 살았다.

나는 20대부터 아이들을 가르치기 시작해서 20년째 함께하고 있다. 삶에서 가장 잘한 일을 선택하라면 '가르치는 일을 직업으로 선택한 것'을 꼽겠다. 20대의 나는 평범한 삶, 좋은 엄마가 되는 삶을 꿈꿨다. 그러나 나는 나의 인연을 만나지 못했고 결혼을 하지 않았다. 그래서 나는 직접 육아를 경험하지 못했다.

아이들을 처음 만났던 20대의 나는 아이들을 이해하기 어려웠다. 아이들을 이해하기 위해 육아서를 읽었고, 아이들과 나에 대해 좀 더 이해하게 되었다. 나는 만나는 학생들을 내 아이라는 마음으로 대했다. 아이들에게 공부보다 더 많은 것을 주고 싶었다. 그래서 살면서 내가 겪은 시행착오들을 알려줬다. 더 좋은 삶을 살기 위해 반드시 알아야 하는 것들에 대해 알려줬다. 그중 하나는 돈에 대한 배움이었다.

내가 영어를 만나서 좋아하는 일로 인생을 역전했듯, 아이들도 영어를 통해 더 좋은 삶을 살 수 있다고 믿었다. 그러나 세상은 너무 바뀌었고, 영어 하나로 인생 역전은 불가능하다. 안타깝지만 요즘 아이들은 더 많은 일을 더 잘 해내야만 하는 무한경쟁 속에 살고 있다.

'요즘 아이들은 생각이 없다'는 말을 자주 듣는다. 그러나 사실 아이들의 삶을 들여다보면, 생각할 여유도 시간도 없다. 학교를 마치면 대부분의 아이들은 학원에 간다. 학교와 학원에서 쏟아지는 과제들을 쳐내고 잠시 여유가 생기면 스마트폰과 함께 시간을 보낸다. 그렇게 '해야 하는 일'에 대부분의 시간을 보내며, 잠시 주어지는 여유 시간에는 '생각을 방해하는 스마트폰'을 하며 시간을 보낸다. 아이들의 삶을 들여다보면 원하는 것에 대해 생각할 시간도 없고, 생각하는 힘도 점점 약해진다. 또한 아이들이 깊게 생각할 수 있는 좋은 질문을 해주는 사람도 많지 않다. 이렇게 매일 같은 모습으로 초중고를 마치고 대학에 진학한다. 원하는 진로를 찾아야 하지만 이 역시도 이미 답은 정해져 있다. 내가 좋아하는 일을 찾기보다는 '대기업', '공무원' 등의 안정적인 직업을 선택한다. 안전한 것이 좋은 것이라고 학창 시절 내내 학교, 부모, 사회로부터 배웠기 때문이다. 그리고 직업을 구하는 순간 인생에 더 이상의 꿈은 존재하지 않는다. 직업과 꿈을 동일시하기 때문이다.

정말 더 안타까운 것은 아이들의 모습이 어른들의 모습이라는 것이다. 대부분의 사람들은 직장 생활을 하며 대부분의 시간을 '해야 하는 일'로 보낸다. 퇴근 후 여유 시간이 생기면 '스마트폰'이나 'TV'를 본다. 그렇게 생각을 방해하는 시간을 보낸다. 그리고 정말 내가 원하는 삶에 대해 생각할 겨를 없이 살아간다. 아이들의 모습과 다르지 않다.

하루하루 쏟아지는 일들을 쳐내며 바쁘게 살 뿐이다. 자신의 삶에 대해 생각하고, 고민하는 사람들은 많지 않다. 그리고 자신의 자녀들에게도 똑같은 삶을 살도록 가르친다. 사람은 생각하는 대로 살지 않는다면 사는 대로 생각하게 된다.

자본주의 세상에서 잘 살기 위해 가장 중요한 것은 '돈에 대한 이해'와 '사람에 대한 이해'다. 그러나 우리는 이 두 가지에 대해 배운 적이 없다.

그러다 '열심히 사는데 왜 이렇게 삶이 힘들지?'라는 의문을 갖게 된다. 그리고 '사람'과 '돈'에 대한 이해 부족으로 어려움을 겪는다는 것을 깨닫는다. 그리고 돈과 사람에 대해 공부하기 시작한다.

공자는 인간이 무언가를 배우는 데 세 가지 방법이 있다고 했다. 생이지지(生而知之), 학이지지(學而知之), 곤이지지(困而知之)가 바로 그 세 가지 방법이다. '생이지지'는 학문을 닦지 않아도 태어날 때부터 깨달은 사람이다. '학이지지'는 배워서 깨달음을 얻은 사람이다. '곤이지지'는 곤란함을 겪으며 고통을 통해 깨닫는 사람이다. 현실적으로 배우지 않고 알기란 어려운 일이다. 그렇다면, 배움을 통해, 시행착오를 줄일 수 있다.

자본주의 세상의 가장 큰 장점은 다른 사람의 시간과 경험을 돈으로 살 수 있다는 것이다. 그러니 어려움을 겪기 전에 타인의 경험이 담긴 책이나 교육을 통해 우리는 배울 수 있다.

정말 안타까운 것은 같은 실수를 반복하며 여전히 배우지 못하는 사람들이다. 이들은 누군가를 탓하거나 '운이 없었다'며 피해자의 삶을 자처한다. 그러나 자신의 삶에 대해 책임지는 태도를 가지지 않는다면, 삶의 주인으로 살 수 없다. 우리가 삶에서 만나는 모든 일들은 나의 생각과 선택이 만들어낸 결과들이다.

영어를 만나고 아이들을 가르치며, 그동안 나는 감사하고 행복한 삶을 살았다. 그러다 올 초 개인적인 어려움을 겪었다. 그때 나의 경제 선생님 PCM 아이스 강 대표에게 "자신의 문제에 빠져 있지 말고, 누구를 돕고 싶은지 생각해보세요."라는 조언을 얻었다.

우리 모두는 '잘 살고 싶다'는 마음이 있다. 여기에는 '경제적 풍요'뿐만 아니라, 누군가를 돕는 '선한 마음'이 포함된다. 생각해보니 내가 도와야 할 대상은 아이들과 학부모들이었다. 나는 오래도록 그들에게 받은 고마움을 돌려주고 싶었다. 그렇게 'CF Care'라는 학생 경제 독서 토론과 'MF Care'라는 학부모 독서 토론이 시작되었다.

나는 아이들이 자본주의 시스템의 부품으로 희생되지 않기 바란다. 아이들 모두가 '나다운 행복'을 찾으며, 자신이 '원하는 삶'을 살기를 바란다. 언제나 나를 더 좋은 삶으로 이끌어줬던 아이들과 어머니들에게 진심으로 감사의 마음을 전하며, 그들에게 이 책을 바친다.

끝으로, 열정적인 모습으로 롤 모델이 되어준 사진작가 박유정(엄마), 끈기와 성실함의 유전자를 물려주신 주식 천재 주정관(아빠), 타고난 선함으로 양보와 헌신을 아끼지 않았던 고마운 동생 주현서(둘째), 든든한 비즈니스 파트너이자 영원한 귀염둥이, 작가 주하영(막내), 내 삶을 바꿔준 고마운 띠동갑 스승님 아이스 강(제부)에게 감사와 사랑의 마음을 전한다.

그리고 15년 넘게 꿈꾸던 작가의 꿈을 이루고, 더 많은 사람들을 돕도록 나를 이끌어주신 〈한국책쓰기강사양성협회(이하 한책협)〉의 김태광 대표님, 권동희 대표님, 윤선생영어교실 천안서부센터 김은령 사장님께도 마음 깊이 감사의 마음을 전한다.


2022년 어느 가을 날, 주은숙

# 목차

## 2장

## 엄마의 돈 공부는 선택이 아닌 필수다

1장

# 인생의 90%는 돈과
# 연결되어 있다

# 지금 당신이 원하는
# 삶은 무엇인가?

20대 초반 나의 삶은 암흑과 같았다. 나는 성적에 맞춰 지방의 한 사립 대에 입학했다. 전공은 처음부터 적성에 맞지 않았고, 1학년 때는 학사 경고를 받기도 했다. 부끄럽지만 대학 생활의 대부분을 목적 없이 보냈다. 졸업 후의 취업을 걱정할 만큼.

나는 졸업을 앞두고 웹 디자인을 공부했다. 그리고 졸업 후 2년 만에 IT 회사에 취업했다. 꿈에 그리던 직장이었지만, 근무 조건이 좋지는 않았다. 아침 7시쯤 집에서 나가서, 밤 12시가 넘어서야 집에 들어올 수 있었다. 그렇게 해서 버는 돈은 100만 원. 그런데도 몇 년을 백수로 지낸 나는 일할 수 있다는 사실만으로도 감지덕지할 뿐이었다. 그러나 끝없이 반복되는 야근은 체력적으로 너무 힘들었다. 체중이 5킬로그램 이상 줄었고, 건강에 무리가 왔다. 좋아하는 일이었지만 생존의 위협을 느끼다 보니 지속할 수 없었다.

그러다 퇴근 시간이 조금 빨라졌다. 이직할 생각으로 영어 학원에 등록했기 때문이다. 왕복 3시간이 넘는 거리를 통원하며, 하루에 2시간씩 영어 공부를 했다. 그러다 영어 공부에 집중하기 위해 회사를 그만두었다.

직원으로 근무 시 수강료 90%를 할인해준다는 조건에 혹한 나는 다니던 어학원에서 파트타임으로 아이들을 가르치기 시작했다. 하루에 4시간 수업하고 100만 원의 수입을 얻었다. 신의 직장이었다. 나는 그 학원의 강사 중 가장 일찍 출근했고, 가장 늦게 퇴근했다. 나의 개인 공부뿐만 아니라 수업 준비도 철저하게 했다. 나는 해외 유학 없이 순수 국내파로 유창한 영어 실력을 갖게 되었다. 그리고 그곳에서 가장 열정적인 강사로 이름을 날렸다.

그러다 수입을 늘리기 위해 투잡을 시작했다. 오전에 유치원에 출강을 나간 것이다. 이로써 수입은 늘었지만, 오전부터 늦은 밤까지 일하다 보니 육체적으로 지쳤다. 밤늦게 졸면서 유치원 수업 교구를 만들다가, 뜨

거운 글루건에 다리를 데기도 했다. 학원 일도 정말 열심히 했다. 내가 가는 학원이면 어디든 따라가겠다는 학부모님도 생겨났다. 그러나 그 학원의 원생은 계속 줄었다. 한 명의 강사가 혼자 잘한다고 학원이 잘되는 것은 아니었다.

나는 스무 살 이후로 거의 항상 파트타임 혹은 투잡을 했다. 누구보다도 열심히 사는 것 같은데도 나의 삶은 나아지는 것 같지 않았다. 우리 집은 점점 더 가난해졌다. 더 암울한 것은 이 가난이 언제까지 계속될지 알 수 없다는 것이었다.

어떻게 이 가난에서 벗어날 수 있을까? 출구 없는 답을 찾는 기분이었다. 학원의 수입은 시간 대비 괜찮은 편이었다. 그러나 100만 원씩 벌어서는 절대 부자가 될 수 없다. 그마저도 원생이 줄면서 수입이 줄었다. 나는 당장 수입을 더 올릴 방법을 찾아야만 했다. 결국, 직장을 옮기는 것 외에는 답이 없었다.

그러다 친동생의 소개로 영어 전문 학습지 Y사의 한 센터에서 관리 교사로 근무를 시작했다. 학원 강사로 일하던 시절의 나에겐 나름의 프라이드가 있었다. 당시 내가 근무하던 곳은 가장 유명하고 잘나가던 성인 어학원이었다. 그런 자랑스러운 직장을 그만두고 방문 학습지 교사를 하려고 생각하니 망설여지기도 했다. 그러나 돈이 따르지 않는 명예는 아무런 의미가 없었다.

방문 학습지 관리 교사로 일하면서 나의 감사한 스승님인 김은령 사장님을 만났다. 그분을 통해 좋아하는 일을 하면서 부자로 살 수도 있다는 용기와 희망을 얻었다. 하지만 관리 교사 일은 쉽지 않았다. 차량을 이용해 방문 수업을 다니니 늘 시간에 쫓겼다. 식사시간을 놓치거나, 화장실 이용과 같은 기본적인 불편함도 견뎌야 했다.

그렇지만 나는 사장님을 닮은 좋은 선생님이 되고 싶었다. 열심히 일했고 지역 내 유명 관리 교사로서 꾸준하게 좋은 실적을 유지했다. 아이들 한 명 한 명을 통해 느끼는 보람이 나를 더없이 행복하게 했다.

나는 평생 가장 많은 돈을 벌기 시작했다. 학원과 유치원 두 곳에서 투잡으로 번 수입을 합친 것보다 더 많은 돈을 벌었다. 처음으로 경제적으로 곤궁하지 않은 기분을 느꼈다. 공연을 보러 갈 수 있었고, 아웃백 스테이크를 돈 걱정 안 하고 먹을 수 있어서 행복했다.

하지만 나는 여전히 부자는 아니었다. 방문 수업을 다니면서 나와 몇 살 차이가 나지 않는 학부모들을 만났다. 그들은 30평대 넓고 쾌적한 새 아파트에서 살고 있었다. 당시 나는 엄마, 동생과 함께 변두리의 낡은 19평 아파트에서 살고 있었다. 내 눈에 그들은 너무도 풍요롭고 여유 있어 보였다. 나도 언젠가 이런 아파트에서 살 수 있을까? 그들에게 인정받고 존경받는 선생님이었지만, 현실에서의 나의 처지는 초라하게만 느껴졌다.

그러면서도 나는 언젠가 나의 삶도 더 나아질 것이라는 믿음을 가지고 열심히 일했다. 나는 우수 교사로 선발되어 해외 연수를 다녀오기도 했다. 본사 강사로서 각종 교육과 사내 방송에 나가 강의하기도 했다. 그러나 직업에 대한 나의 열정과 보람만큼 외부에서도 인정받을 수 없다는 점이 아쉬웠다.

그러던 중 건강이 나빠진 나는 퇴사와 대학원 진학을 결정했다. 1차로 대학원 진학을, 그 후 영어 교육 회사인 Y사의 본사 입사를 목표로 했다.

대학원 재학 동안 많은 배움을 얻는 감사한 시간이었다. 다만, 4학기 전액 장학금을 받았음에도 불구하고, 나는 모아놓았던 돈을 생활비로 다 털어 써야 했다. 그토록 원하던 자랑스러운 석사 학위였으나 졸업 후 아무것도 보장된 것은 없었다. 한 가지 다행인 점은 나의 건강을 회복할 수 있었다는 점이다.

대학원 졸업 후, 내가 목표했던 Y사에 입사했다. 나는 회사에 입사하기만 하면 모든 것이 해결될 것이라 믿었다. 하지만 서울의 물가는 상상을 초월했다. 석사 학위를 땄고, 좋은 회사에 다니고 있었지만 나의 현실은 달라지지 않았다. 모아둔 돈 하나 없이, 서른 중반의 나이에 작은 원룸에서 사는 평범한 직장인일 뿐이었다.

　나는 입사 초기에 회사생활을 하는 데 큰 어려움을 겪었다. 모든 것이 나의 기대와는 달랐다. 그곳에서 회사가 자신 인생의 전부인 듯 일하다 건강을 잃는 분을 보기도 했다. 또한, 청춘을 바쳤던 회사에서 쫓겨나듯 떠나는 모습을 보며 현실을 깨닫기도 했다.

　나는 좋아 보이는 것을 택했다. 하지만 그 선택은 좋은 선택은 아니었다. 도망치듯 회사를 떠나고 싶지는 않았다. 2년 정도 이를 악물고 버티니 회사생활이 조금씩 재미있어지기 시작했다. 그즈음 나는 나 자신에게 물었다. 이 삶이 내가 원하는 삶인지? 나는 과연 지금 행복한지? 이 안전한 느낌에 취해 살 것인가? 아니면 용기를 내서 원하는 삶을 찾을 것인가?


　당신은 당신이 원하는 삶에 대해 진지하게 생각해 본 적이 있는가?

　직장에서 일 잘하는 법이 유행하던 때가 있었다. 누군가는 욜로를 외치며, 한 번뿐인 삶을 더 즐겨야 한다고 한다. 이젠 회사가 나를 책임져 주지 않는다며, 30대 은퇴, 파이어족 등을 주장하기도 한다. 과연 어떤 것이 정답일까? 세 가지 모두 정답이 아닐 수도 있다.

　매슬로우에 의하면 인간은 다섯 단계의 욕구를 가지고 태어난다고 한다. 이 욕구들에는 우선순위가 있으며 그 우선순위에 따라 단계가 구분된다고 한다. 첫째는 생리적 욕구로서 살고, 먹고, 자는 등의 가장 기본적인 욕구다. 먹고사는 일이 이 첫 번째 욕구에 해당한다. 둘째는 안전 욕구다. 신체적, 감정적, 경제적으로 안전하고자 하는 욕구다. 셋째는 사랑과 소속 욕구다. 어딘가에 소속되거나 누군가로부터 사랑받고자 하는 욕구다. 넷째는 존경 욕구다. 명예에 대한 욕구나 누군가로부터 인정받고자 하는 욕구가 여기에 해당한다. 마지막 다섯째는 자아실현의 욕구다. 5단계는 앞의 모든 단계가 충족되어야만 다다를 수 있는 단계다. 자기 발전을 이루고 잠재력을 이끌어내어 극대화할 수 있는 단계라고 할 수 있다.

물론, 동시적으로 욕구가 발생할 수도 있다. 먹고사는 문제가 해결되지 않았던 시절, 나에겐 돈 문제를 해결하는 것이 가장 시급했다. 그 문제를 해결하고 나니, 나의 가치를 높이고 싶었다. 그래서 대학원에 진학해서 석사 학위를 땄다.

그 후, 남들에게 인정받을 수 있는 안정적인 직장으로 이직했다. 꿈꾸던 직장이었으나 내가 원하는 삶이 아니라는 것을 깨닫고 원하는 삶을 위해 퇴사했다. 그리고 지금 10년 차 영어 학원장으로서 내가 원하는 삶을 살고 있다. 결국, 먼 길을 돌고 돌아 다시 처음 그 자리로 돌아온 셈이다.

우리는 결국 자신의 잠재력과 가치를 실현하는 삶을 살아야 한다. 그러나 그전에 먼저 생존과 관련된 돈 문제를 해결해야 한다. 돈은 생각보다 우리 삶의 대부분에 깊이 관여하고 있다. 이 문제를 해결하지 않고는 인생이라는 게임에서 다음 레벨로 올라갈 수 없다.

『생각하라 그러면 부자가 되리라』에서 나폴레온 힐은 "원하는 것을 명확하게 해야만 성공하고 부를 얻을 수 있다"고 한다. 진정으로 원하는 것을 알지 못한다면 시간과 노력을 낭비하며 헤매게 된다. 진짜 원하는 것을 알게 되었을 때, 나다운 행복을 찾으며 살 수 있다.

내 아이 부자로 키우는 엄마의 경제 수업

**인생을 바꾸는 질문**

---

1. 당신의 삶에서 가장 중요한 우선순위 3가지를 순서대로 적어보자.

_____

_____

2. 한계 없이 상상하자. 지금부터 5년 후 당신이 살고 싶은 삶은 어떤

것인지 적어보자.

_____

_____

3. 원하는 5년 후의 삶을 이루기 위해 오늘 당장 시작할 수 있는 것은

무엇인지 적어보자.

_____

_____

# 현재의 나는 과거의
# 선택의 결과이다

팔자는 마음이 가리킨다. 나의 어머니께서 자주 하시는 말씀이다. "한 사람의 삶은 그 사람의 선택으로 완성된다"는 의미다. 우리는 인생의 갈림길에서 선택에 따라 다른 결과를 얻게 된다. 그리고 우리는 하루에도 수백 번의 선택을 하게 된다.

눈을 뜬 순간 즉시 이불 밖으로 나갈 것인가? 아니면 5분 더 자고 일어날 것인가? 즉시 이불 밖으로 나간다면, 정시에 출근할 수 있을 것이다. 5분 더 자는 선택을 한다면, 게으름의 대가를 치러야 한다. 택시를 타야 하거나 혹독한 출근길 교통 체증을 겪을 것이다. 운이 매우 나쁘면 지각하다가 상사와 마주치게 될 수도 있다.

1990년대에 '이휘재의 인생극장'이라는 코너가 있었다. MBC 〈일요일 일요일 밤에〉라는 예능 프로그램의 한 코너였다. 주인공이 어려운 두 가지 선택지 중 하나를 선택하고, 각각의 다른 결과를 보여주는 프로그램이었다.

나에게도 '인생극장' 같은 어려운 선택의 순간이 있었다. 30대 중반의 나는 결혼을 생각하며 진지하게 만나던 사람이 있었다. 성실하고 좋은 사람이었다. 결혼을 전제로 만나고 있었지만 우리는 경제관념이 너무 달랐다. 평범한 수준을 넘어선 그의 알뜰함이 나로서는 부담스러웠다. 1인분의 식사를 시켜서 나누어 먹기도 하며, 모든 의사 결정의 기준은 최저가였다. 회사생활의 어려움과 많은 나이로 결혼과 함께 새로운 삶을 시작하고 싶은 마음도 있었다. 그러나 가치관이 다른 두 사람이 함께한다는 것은 어려운 일이다. 현실이 어렵다고 도피성 결혼을 택할 수는 없었다. 그와 나는 헤어졌고 그 선택은 지금 생각해도 옳은 선택이었다.

그러나 나의 인생에 옳은 선택만 있던 것은 아니었다. 대학 입학 당시, 나는 점수에 맞춰 유망한 학과를 선택했다. 당시만 해도 적성을 고려하기보다 대학에 합격하는 자체를 중요하게 생각했다. 나도 전망과 합격 가능성만을 고려해 학과를 선택했다. 대학 원서를 쓰기 전까지 내가 가게 될 학교와 학과들에 대해 전혀 알아보지 않았다. 점수 하나로 인생에서 중요한 한 결정을 내린 셈이다. 그로 인해 내 삶이 어떻게 달라질지 그때는 알지 못했다.

나는 전공이 적성에 맞지 않아 1학년을 마치고 휴학했다. 사실, 학교를 그만둘 생각이었다. 그만두기 전 휴학을 통해 다양하게 사회 경험을 하고자 했다. 그런 후 중퇴를 결정하기로 했다. 1년 동안 의류 판매업, 세차장, 주유소, 식당, 볼링장 등 다양한 사회생활을 경험했다.

백화점 판매직의 경우에는 종일 높은 구두를 신고 선 채로 손님을 응대해야 했다. 세차장의 경우, 다른 일들에 비해 시급이 높은 편이었다. 다만, 일이 끝나고 집에 가면 너무 피곤해서 저녁도 먹지 못하고 곯아떨어졌다. 주유소에서는 일을 잘한다고 다음 방학에 꼭 다시 오라고 하셨다. 하지만 나는 2배의 시급을 준다 해도 다시는 주유소에서 일할 생각이 없었다. 하루 종일 한겨울 칼바람 속에서 주유하는 고통은 겪어보지 않은 사람은 모를 것이다.

대학 졸업장 없이 할 수 있는 일들은 모두 힘든 일들이었다. 어른들이 왜 공부하라고 말씀하는지 이해가 되었다. 열심히, 힘들게 일해도 내가 얻는 급여는 형편없이 낮은 수준이었다. 이렇게 산다면 평생 가난을 면치 못할 것이었다. 당시 나와 비슷한 급여를 받고 일하는 고등학교 동창들을 떠올려봤다. 여유롭게 사는 친구는 한 명도 없었다. 몇몇 친구들은 카드 돌려막기를 하다가 곤경에 처했고 수천만 원의 카드빚을 지게 된 친구도 있었다.

그 모든 일을 경험하고 난 후 나의 결론은 다시 학교로 돌아가는 것이었다. 대학을 이대로 중퇴한다면 대학교 졸업장이 내 발목을 잡을 것 같았다. 남은 3년을, 졸업을 목표로 버티듯 학교에 다녔다. 버티는 것과 졸업. 이 두 가지를 목표로 대학 생활을 했다. 휴학 기간 1년을 통해 세상에는 머리를 쓰는 일과 몸을 쓰는 일이 있다는 것을 알게 되었다. 나는 지식 노동자가 되어야 고소득을 올리며 안정적으로 살 수 있다고 생각했다.

부자는 타고나는 것 같았다. 내가 만났던 자영업 사장님들은 대부분 금수저 출신이었다. 부모로부터 물려받은 것을 기반으로 시작해서 빨리 일어설 수 있었다. 대학에서 만난 동기들을 봐도 부유한 집안의 아이들은 출발점부터 달랐다. 부자로 태어난 사람만이 부자로 살 수 있는 것인가? 그렇게 생각하니 내 삶에는 희망이 보이지 않았다.

20대 초반의 나는 부정적이며, 운이 안 좋은 사람이었다. 삶에서 겪을 수 있는 모든 힘든 일을 20대 초반에 겪었다. 잘 살아 보겠다고 투잡을 하며 힘들게 모은 돈을 어처구니없게 사기를 당해 잃기도 했다. 10년 동안 믿었던 친구로부터 배신당하고 엄청난 상처를 입기도 했다. 당시 나의 일기장에는 온통 부정적인 이야기들뿐이었다. 나는 운이 없다고 생각했으나, 내가 겪은 대부분의 일은 나의 무지함과 잘못된 선택 때문에 일어난 것이었다. 또한, 나의 부정적인 생각들이 또 다른 부정적인 일을 끌어당겼다는 것을 알게 되었다.

암울하고 부정적이던 나의 삶은 30대 초반에 책을 읽으며 바뀌기 시작했다. 교육 중 소개받은 『네 안에 잠든 거인을 깨워라』라는 책을 읽으며 나는 우리 안에 무한한 잠재력이 있다는 것을 알게 되었다. 고등학교밖에 나오지 않은 저자 앤서니 로빈스가 삶을 바꾸는 이야기들을 들으며, 나도 삶을 바꿀 수 있다는 희망을 가지게 되었다. 그 후론 힘든 순간에는 늘 책을 읽으며, 내가 원하는 모습을 상상하기 위해 노력했다. 운전할 때는 가고자 하는 방향으로 시선과 운전대를 돌려야 하는 것처럼, 삶에서도 원하는 방향으로 생각과 말이 향하도록 해야 한다는 것을 그 책을 통해 알게 되었다.

그 후 나는 어려운 문제들은 책 속에서 답을 찾고자 했다. 책에서 얻은 배움을 나의 삶에 적용하기 시작했다. 내가 얻은 배움, 달라진 점들, 그로 인한 변화들을 글로 기록하기 시작했다. 그 결과 나의 삶이 조금씩 달라졌다. 나는 생각하지도 못했던 기회들을 얻었고, 원하던 일들을 하나둘씩 이루어갈 수 있었다. 나에게도 운이라는 것이 찾아오기 시작했다.

그러나 생각을 바꾼다고 늘 좋은 일만 생기는 것은 아니다. 때론, 어쩔 수 없는 일들을 겪기도 한다. 그 안에서 우리가 할 수 있는 것은 오직 나의 생각과 행동의 선택뿐이다.

몇 년 전 새로 차를 산 지 1개월이 채 되지 않았을 때의 일이다. 출퇴근에 차를 이용하지 않았기 때문에 완전히 새 차였다. 아침에 일이 있어 나가려는데 차 전면 유리에 A4 용지에 적힌 메모가 보였다. 누군가 주차 실수로 사고를 내고 자신의 번호를 남겨놓고 간 것이다. 정상적인 상황 혹은 운전자라면 도저히 사고를 낼 수 없는 위치였다. 주차장 안에 아주 반듯하게 주차했기 때문이다.

상대방 과실로 수리비를 100% 지급받는다고 해도 차량 가치의 감가상각이 일어난다. 너무 속상했다. 도대체 이런 황당한 일이 왜? 그러다 부정적인 생각을 멈추고 생각을 정리했다. 첫째, 차량 사고를 일으킨 운전자가 연락처를 남겼으니 다행이다. 둘째, 사람이 다치지 않았으니 더욱 다행이다. 셋째, '만약 나의 과실로 일어난 사고였다면?'이라고 상황을 가정해보니 모든 것이 다행이었다.

보험사에 연락해서 수리를 의뢰했다. 다행히 범퍼 교체는 차량 가격에 반영되지 않는다고 했다. 범퍼 교체와 기타 비용이 약 300만 원 가까이 발생했다. 생각보다 큰 비용이었다. 속상했지만, 더 나쁜 경우를 생각하니 차가 손상된 것은 아무것도 아니었다. 나는 이미 일어난 일, 내 힘으로 어쩔 수 없는 일로 나를 괴롭히기보다는 내가 할 수 있는 일과 문제 해결에 집중했다. 그리고 그 일을 마음에서 빨리 털어낼 수 있었다.

살다 보면 이렇듯 우리는 어쩔 수 없는 일들을 겪기도 한다. 이때, 어리석은 사람들은 바꿀 수 없는 일을 바꿔보려고 애쓴다. 혹은 그 일의 당사자나 일 자체를 원망하고 비난한다. 이와 같은 태도들은 문제를 해결하는 데 아무런 도움이 되지 않는다. 지혜로운 사람들은 어쩔 수 없는 것은 빠르게 받아들이고 그 안에서 할 수 있는 일을 한다.

빌 게이츠는 "가난하게 태어난 것은 당신의 잘못이 아니지만, 가난하게 죽는 것은 당신 책임이다."라고 말했다. 우리가 태어나는 가정 환경, 부모님은 내가 선택할 수 없다. 나의 의지와 상관없이 가난하게 태어날 수는 있다. 하지만 그 이후 당신의 선택에 따라 얼마든지 삶을 바꿀 수 있다. 인생은 나의 선택들의 연속으로 만들어지는 결과이기 때문이다. 가난한 부모님과 내가 놓쳐버린 억울한 기회들을 탓한다고 현재의 삶이 달라지지 않는다.

현재의 나는 과거에 했던 선택들의 결과다. 내가 이전에 먹은 음식, 그리고 생활 습관들이 현재의 나의 건강과 몸을 만들었다. 과거의 생각과 행동들이 지금 나의 삶을 만들었다.

살다 보면 어쩔 수 없는 일들을 만나기도 한다. 혹은 억울한 일을 겪기도 한다. 그 일의 직접적인 책임이 당신에게 있지 않을지도 모른다. 그러나 그 일을 어떻게 바라보고 대응할 것인지, 그 책임은 당신에게 있다. 과거를 바꾸는 것은 불가능하다. 우리가 할 수 있는 일은 좋은 선택으로 미래를 바꾸는 것뿐이다. 매 순간 당신이 원하는 것을 상상하며 최고의 선택을 하자. 오늘, 당신의 그 좋은 선택으로 당신은 원하던 미래를 마주하게 될 것이다.

## 인생을 바꾸는 질문

1. 과거의 당신의 선택 중, 바꾸고 싶은 선택이 있다면 무엇이고 그 이유는 무엇인가?

_____

_____

2. 과거로 돌아가서 그 순간, 과거의 당신에게 조언할 수 있다면 어떤 조언을 할 것인가?

_____

_____

3. 과거 나의 선택으로 만들어진 현재 모습을 3가지를 생각해보자.

_____

_____

# 3

# 가난은 불편 그
# 이상이다

"가난은 죄가 아니다. 다만 불편할 뿐이다." 당신은 이 말에 동의하는
가?

가난한 연인들의 순수한 사랑을 드라마의 소재로 삼는 경우가 있다.
그러나 현실에서 가난한 사랑은 오래 지속되기 어렵다. 가난을 직접 경
험하지 못한 사람은 알 수 없다.

2019년 통계청 자료에 의하면, 우리나라 부부의 이혼 사유 2위가 경제
문제다. 1위는 성격 차이다. 성격 차이는 관점의 차이나 가치관의 차이를
의미한다. 즉, 생각 차이로 인한 소비 패턴의 차이, 시댁, 처가에 대한 비

용 지출 차별 등이 포함될 수 있다. 그렇다면 이혼 사유의 대부분이 경제 문제와 관련된 것이다. 모든 결혼은 사랑을 전제로 한다. 그러나 사랑만으로 살 수 있다는 말은 사실이 아니다.

오늘자 신문에 생활고를 비관하며 세상을 등져야만 했던 가슴 아픈 세 모녀의 이야기가 실렸다. 사랑하는 가족과 함께 극단적인 선택을 할 수밖에 없던 그들의 마음은 어떤 것이었을까? 그런 비극적인 선택을 할 수밖에 없던 심정을 생각하면 너무 마음이 안타깝다.

"가난은 죄가 아니다. 다만 불편할 뿐이다."라는 정의는 중학교 때 친구가 웃으며 농담으로 들려준 말이다. 우리 중 누구도 가난하지 않았기 때문에 우리는 웃으며 천진난만하게 가난을 말할 수 있었다. 현실에서의 가난은 결코 웃을 수 있는 가벼운 일이 아니다.

나는 초등학교 6학년 때부터 고등학교 2학년까지 이모님 댁에서 살았다. 나는 서울의 B동의 B여중이라는 학교를 다녔다. B동은 B본동부터 B11동까지 상당히 넓었다. 그 안에 언덕길에 있는 달동네 B동과 부유한 B동이 있었다. 우리 중학교에는 두 지역에 사는 아이들이 고르게 섞여 있었다. 당시는 사복을 입던 시기였다. 옷차림과 신발, 도시락 반찬만 봐도 그 아이의 가정 형편을 가늠할 수 있었다. 정말 안타까운 것은 가정 형편이 어려워 보이는 아이들의 생각이나 말이었다. 그들은 부정적인 말이나 생각을 하는 경우가 많았다.

고등학교 때부터 나는 교복을 입었다. 우리 학교는 강남에 인접한 지역에 있었다. 강남 지역에 거주하는 아이들이 많이 배정되었다고 했다. 똑같은 교복을 입었지만, 그것만으로 부유함과 가난함을 감추기는 어려웠다. 신발, 가방, 그 밖의 문구류로 사는 형편이 드러났다.

월 1회 진행되는, 특별활동 수업이 있는 날에는 사복 착용이 허락되었다. 아이들의 옷차림은 정말 각양각색이었다. 당시 게스(Guess)라는 브랜드가 인기를 끌었는데 청바지 한 벌에 7만 원이나 했다. 당시 물가로는 너무도 충격적인 가격이었다. 친구들이 모두 입는 브랜드였기 때문에 나도 입고 싶었다. 그러나 우리 부모님이 나에게 게스 청바지를 사줄 수 없다는 사실을 알고 나는 난생처음 상대적 가난을 느꼈다.

나는 중학교 때까지는 나름 성적이 괜찮았다. 고등학교 반배치 고사는 5등으로 입학했다. 하지만 그 이후 계속 성적이 떨어졌다. 특히, 중학교 때까지 좋게 나왔던 수학 성적이 계속 떨어졌다. 나는 노량진에 있는 단과 학원에 다녔다. 왕복 1시간이 넘는 거리를 버스로 통원했다. 길에서 보내는 시간이 많았고, 먼 거리의 학원에 다니느라 피곤해서 수업에 집중할 수 없었다. 결국, 학원에 다녔지만 성적도 오르지 않았다.

나의 친구 중 한 명은 나와 성적이 비슷했는데, 유독 수학만 높은 점수를 받았다. 그 친구에게 물으니 명문대 선생님께 받는 과외 수업 덕분이라고 했다. 과외를 받으면 선생님이 집으로 오기 때문에 시간을 절약할 수 있다고 했다. 또한, 부족한 부분만 집중적으로 지도를 받는 만큼 효과적으로 공부할 수 있다고 했다. 학창 시절의 성적은 한 사람의 인생이고 미래였다. 성적마저도 돈으로 해결할 수 있다는 사실에 나는 적지 않게 충격을 받았다.

돈이 인생의 전부는 아니다. 그러나 경제적 상황은 더 많은 선택지를 주거나 혹은 선택의 자유를 제한한다. 중요한 선택 앞에서 대부분의 사람들은 돈으로부터 자유로울 수 없다.

돈이 충분히 많다면 돈에 대해 고민하는 시간을 절약할 수 있다. 나아가 진짜 중요한 본질에 집중할 수 있다. 삶이 단순해진다. 그래서 부자들은 좋은 의사 결정을 빠르게 내린다. 그리고 그 좋은 결정으로 인해 더 부유해진다.

내가 초등학교 저학년 때까지 우리 집은 형편이 넉넉하지 않았다. 그러다 어머니께서 옷 가게를 시작하신 후, 형편이 나아졌다. 당시에는 모든 거래가 현금으로 되던 시절이었다. 어머니께서는 장사를 마치고 집에 오시면 차고 있던 허리 가방에서 현금을 꺼내 세셨다. 매일 현금 다발을 들고 가시니, 농협에 가시면 직원이 나와서 깍듯하게 인사를 하며 어머니를 맞이했다고 하셨다.

그 전에 우리는 집 밖에 있는 공용 변소를 사용하던 다가구 주택에 살았다. 엄마의 가게가 잘되면서 난생처음 우리 집이 생겼다. 방이 세 개나 있었고, 화장실도 집 안에 있는 양옥집이었다. 몇 년 후 엄마는 면허를 따셨고 스쿠프라는 스포츠카를 구입하셨다. 어머니는 여유 자금으로 땅도 구입하셨다. 그렇게 우리 집은 부자가 되는 것 같았다. 그러나 그 여유로움은 오래가지 않았다.

내가 고등학교에 입학한 이후 우리 집은 다시 경제적으로 어려움을 겪기 시작했다. 동생들을 돌봐주시던 외할머니께서 건강이 안 좋아지셨다. 어머니께서는 할머니를 모시고 병원에 다니셔야 했다. 가게 문을 자주 닫으셔야 했고, 몇 번씩 헛걸음을 했던 단골손님들이 떠나갔다. 그리고 교복 자율화가 폐지되고, 중고생 교복 정책이 시작되었다. 이렇게 외부 상황의 영향마저 받게 되며, 옷가게 운영이 더 어려워졌다. 어머니는 식당, 야식집, 호프집 등 업종을 바꿔가며 장사를 계속하셨다. 그러다 딸 셋을 동시에 대학에 보내며, 우리 집 경제는 급격히 기울었다. 연년생 세 딸들의 등록금과 생활비를 보내야 하니 정말 힘드셨을 것이다.


나는 성적에 맞춰 지방 사립대에 입학했다. 그로 인해 동생들의 선택지는 제한되었다. 무조건 국립대를 가야 했다. 막내는 공부를 잘했다. 서울 소재 대학에 충분히 합격할 수 있는 성적이었다. 그러나 집 문제를 해결해야 했기 때문에 내가 다니는 학교와 같은 청주에 있는 국립대에 입학했다. 동생은 과 수석으로 합격해 장학금을 받았다. 더 좋은 학교에 갈 수 있었는데 나로 인해 원하던 대학교에 가지 못해서 미안했다.

대학교 입학 후 우리는 1년마다 이사해야 했다. 처음에는 보증금 500만 원에 25만 원의 월세를 내고 신축 원룸에서 살았다. 그러다 어머니의 가게가 어려워지면서 몇 달씩 월세를 보내주지 못하셨다. 결국, 월세를 감당할 수 없어 우리 학교 근처의 전셋집으로 이사했다. 그 집은 햇볕이 전혀 들지 않았다. 낮에도 불을 켜야만 생활할 수 있었다. 골목길에 있는 집이라 파트타임 일을 끝낸 후의 밤늦은 귀갓길이 늘 무서웠다.

같은 동네의 한 친구는 아파트형 원룸에서 살았다. 보안에 상당히 신경을 쓰는 것 같았다. 그래서인지 그 원룸에는 여학생들이 많이 살고 있었다. 한 사람의 경제적 수준은 삶의 질과 안전의 수준마저 결정했다. 나이를 먹어갈수록 그 현실을 더 아프게 느끼게 되었다.


20대의 나는 가난에서 벗어나고 싶었다. 쉬지 않고 일했고, 투잡도 했다. 그러나 한편으로는 돈이 많아지는 것이 두려웠다. 열심히 돈을 벌어 모으면 항상 갑자기 돈을 쓸 일이 생기거나, 뜻밖의 불행한 일이 따라왔다. 나는 마음속 깊은 곳에 돈에 대한 두려움과 부정적인 생각을 가지고 있었다. 가난에서 벗어나고 싶었지만, 부자가 되는 일은 막연하게 두려웠다.

나는 학원을 운영하면서 회사에 다니던 시절에 비해 많은 수입을 올렸다. 물론, 월급쟁이 시절보다 훨씬 더 많이 일해야만 했다. 돈을 많이 벌게 되자 기쁘기도 했지만, 한편 불안하고 또 원인 모를 죄책감이 느껴지기도 했다. 돈에 대한 혼란스러운 정의가 부자가 되고자 하는 나의 발목을 잡고 있었다는 것을 이후에 알게 되었다.

돈에 대한 두려움과 부정적인 생각은 어디에서 왔을까? 우리는 어린 시절부터 돈에 대한 부정적인 생각 혹은 막연한 두려움을 갖는다. 나 역시도 어린 시절 부모님께서 돈 때문에 걱정하는 모습, 혹은 다투시는 모습을 보기도 했다. 그 과정에서 은연중에 돈에 대한 부정적인 생각과 부자가 되면 나쁜 일을 겪을지 모른다는 두려움을 갖게 됐다. 돈에 대한 혼란스러운 정의와 생각들은 성인이 된 이후에도 한참 동안 내 안에 머물렀다.

나는 몇 년 전 조성희 작가의 『뜨겁게 나를 응원한다』라는 책과 온라인 강의를 만나며 우리의 생각이 얼마나 중요한지 깨닫게 되었다. 그녀는 생각의 힘과 마인드의 중요성을 강조했다. 특히, 돈에 대한 두려움과 혼란스러운 정의와 가치를 가진 상태로는 가난에서 벗어날 수 없다고 했다. 혹시 부자가 된다 해도 행복한 부자가 아닌 걱정이 많은 부자가 될 것이다. 그녀는 가난에서 벗어나기 위해 우리의 잠재의식을 바꿔야 한다고 했다. 우리의 현실은 우리가 생각하는 것이 그대로 드러나기 때문이다.

우리는 돈에 연연하고 살면 안 된다고 배운다. 그러나 현실적으로 돈이 부족하면 돈에 연연하며 살 수밖에 없다. 불필요한 감정과 에너지의 소모가 많아진다. 『부자 아빠 가난한 아빠』에서 로버트 기요사키는 "돈이 부족하다는 것은 모든 악의 근원이다."라고 말했다.

가난 자체보다 무서운 것이 부정적이고 비관적인 생각이다. 사람은 자신이 자라면서 보고 경험한 대로 믿게 된다. 부모의 부정적이고 가난한 생각은 자녀들에게 대물림된다.

돈에 얽매이지 않기 위해서는 가난에서 멀어지고, 돈으로부터 자유로워져야 한다. 돈에 대한 두려움을 제거하고, 부정적인 생각을 멈추자. 돈은 더 좋은 삶을 선택할 수 있는 기회다!

**인생을 바꾸는 질문**

---

1. 돈의 부족으로 당신이 최근 겪은 불편들을 적어보자.

_____

_____

2. 우리는 왜 돈을 벌어야 하는가? 그 이유를 적어보자.

_____

_____

3. "돈이 부족하다는 것은 모든 악의 근원이다."라는 말의 의미를 생
각해보자.

_____

_____

_____

# 부자가 될 수 없는
# 진짜 이유

당신에게 돈이란 무엇인가? 부자란 어떤 사람들인가? 돈에 대한 당신의 생각과 믿음은 삶에 투사된다. 가족, 건강, 행복, 의미 있는 일, 의미 있는 관계 등 인생에는 돈보다 중요한 것들이 훨씬 더 많다. 그러나 소중한 것들을 지키기 위해서는 반드시 돈이 필요하다.

돈에 대한 사람들의 행동을 흥미롭게 다룬 책이 있다. 『돈의 심리학』에서는 사람들이 돈에 대한 의사 결정을 할 때 영향을 주는 행동들과 심리적인 요인들을 소개했다. 모건 하우절은 "내 시간을 내 뜻대로 쓸 수 있다는 게 돈이 주는 가장 큰 배당금이다."라고 돈의 가치를 정의했다. 사람은 자신의 삶에 대해 완전한 자율성과 주도권을 가질 때 가장 행복하다.

사람들은 일이 아닌 여가 시간에 더 큰 행복을 느낀다고 생각한다. 여가 시간에 온전히 자율성과 주도권을 가질 수 있기 때문이다. 그러나 우리가 미처 알지 못하던 행복과 관련된 새로운 사실이 있다. 미국의 저명한 교육심리학자 미하이 칙센트미하이 교수는 『몰입의 즐거움』에서 다음과 같이 말했다. '일을 하느냐 쉬느냐가 아닌, 무언가에 얼마나 몰입하고 있는지'의 문제가 행복과 더 관련되어 있다. 우리의 기대와 달리, '무엇'을 하느냐가 아닌, 얼마나 '몰입'하고 있는지가 행복과 더 밀접하게 관련 있다.

사람은 타인을 돕거나 의미 있는 일을 할 때 가장 보람과 행복을 느낀다. 일론 머스크, 빌 게이츠, 고인이 된 스티브 잡스 등 많은 부자들은 성공한 이후에도 그 누구보다 열정적으로 열심히 일한다. 그들은 자신의 일을 진심으로 사랑하며, 일과 삶의 경계를 구분하지 않는다. 진짜 부자들은 워라밸을 주장하지 않는다. 대신, 그들은 자신이 사랑하는 일을 찾아서 몰입하라고 한다. 하기 싫은 일을 억지로 하며 성공하기는 어렵다. 다수의 사람들이 일과 삶의 명확한 구분을 원하는 것은 먹고살기 위해 일하고 있기 때문이다.

많은 사람들이 부자가 되기를 원하지만 소수의 사람들만이 부를 이루는 이유는 무엇일까?

첫째, 진짜 부자가 되기를 원하지 않는다. 그들은 겉으로는 부자가 되고 싶은 것처럼 말하거나 행동한다. 그러나 진짜 부자가 되기를 원하지 않는다. 마음속에는 돈에 대한 부정적인 생각 혹은 두려움을 가지고 있다. 부자가 되면 나쁜 일이 생길지 모른다거나 나는 진짜 부자가 될 수는 없을 것이라는 잘못된 믿음을 가지고 있다. 현실 세계는 우리의 의식이 아닌 무의식에 반응한다. 마음속 깊은 곳에 가지고 있는 진짜 믿음이 무엇인지에 따라 현실이 결정된다. 돈에 대한 두려움 혹은 부정적인 생각을 가지고 있다면, 부자가 될 수 없다. 혹시 돈을 많이 벌어도 행복한 부자는 될 수 없다. 많은 사람들은 생각의 힘에 대수롭지 않게 생각한다. 인간을 움직이고 행동하도록 하는 것은 그 사람의 믿음과 무의식의 생각이다.

둘째, 돈에 대해 공부하지 않는다. 부자가 되는 방법은 이미 차고 넘치도록 많다. 방법은 넘쳐나지만 그것들을 찾아서 공부하고 제대로 실행하는 사람은 많지 않다.

누구나 돈 때문에 서러운 경험 한두 번쯤은 있을 것이다. 잠시 나의 삶을 바꿔보겠다고 결단하기도 한다. 그러나 그 위기를 무사히 넘기고 바쁜 일상으로 돌아오면 우리는 그 간절함을 잊고 원래대로 돌아간다. 나 역시도 살면서 돈 때문에 괴롭고 비참했던 순간들이 많았다. 그러나 어찌어찌 그 위기를 넘기고 나면 다시 살던 대로 살았다. 그러나 필요한 배움을 얻을 때까지 같은 일은 반복되었다. 사람은 쉽게 바뀌지 않는다. 몇 번의 큰 위기를 겪고 난 후에야 나는 비로소 돈에 대해 제대로 공부하기 시작했다.

부자들은 돈이 많지만 보통의 사람들보다 더 열심히 일한다. 또, 돈을 벌고, 모으고, 불리기 위해 더 열심히 공부한다. 그리고 배움을 바탕으로 실행한다. 그렇기 때문에 점점 더 부유해진다. 부자가 되려면 부자처럼 행동해야 한다. 작은 것 하나라도 직접 실행해야 한다.

셋째, 목표가 명확하지 않다. 부자가 될 수 없는 가장 큰 원인 중 하나는 목표가 명확하지 않거나 혹은 자주 목표가 바뀐다. 보통의 사람들은 삶의 목표와 방향성이 명확하지 않다. 유행하는 옷을 사 입듯, 바뀌는 시대의 흐름을 쫓는다. 누군가 이런 방법으로 돈을 벌었다면 그곳에 가서 기웃거리며 시간과 돈을 쓴다. 약간 알아보거나 조금 시도해보다 어렵다 싶으면 빨리 포기한다. 그리고 더 쉬운 무언가를 찾아 또 여기저기 기웃거린다. 목적지가 명확하지 않다면 아무리 빠르게 달려도 목적지에 도착할 수 없다. 먼저, 목표를 명확하게 해야 하며, 목표를 향해 한 방향으로 꾸준하게 점을 찍을 때 원하는 결과를 얻을 수 있다.

넷째, 자신을 믿지 않는다. 보이지 않는 것을 믿기란 원래 어려운 법이다. 현재의 시점에서 미래의 결과를 예측하며 시간, 노력, 비용을 투자하는 것은 어렵다. 사람들은 지금 눈에 보이는 것을 선호한다. 미래의 이익을 위해 현재의 만족과 행복을 포기하기란 어려운 일이다.

누구나 한 번쯤은 간절한 꿈이나 목표를 가져본 적이 있을 것이다. 그러나 지금의 내 모습을 생각하면 답이 보이지 않는다. '과연 할 수 있을까?'라는 고민만 하거나 경험이 없는 주변인들에게 조언을 구한다. 사람들은 본능적으로 비슷한 사람과 함께한다. 그들은 경험이 없기 때문에 제대로 된 조언을 해줄 수 없다. 뿐만 아니라 나와 비슷한 수준의 사람들이기에 부정적인 의견을 얻게 될 것이다. 그렇게 결국 아무것도 하지 않은 채 살던 대로 산다.

현재가 아닌 미래의 나를 상상해야 한다. 나의 가능성을 믿어야 한다. 믿지 않으면 용기를 낼 수 없다. 용기를 낼 수 없다면 시작할 수 없다. 시작 없이는 그 어떤 결과도 없다.

다섯째, 최선을 다하지 않는다. 세상의 모든 일에는 반드시 대가가 따르기 마련이다. 원하는 것이 있다면 그에 합당한 대가를 치러야 한다는 의미다. 부자가 되는 삶을 선택했다면 목표를 이루는 날까지 인내하며 최선을 다해야 한다. 그러나 부를 이루지 못하는 대부분의 사람들은 만족을 지연하는 힘이 약하다. 현재 눈앞의 유혹에 쉽게 넘어간다.

공부를 잘하는 방법은 누구나 알고 있다. 다만, 그 과정은 지루하다.

공부를 잘하기까지 많은 반복이 필요하며, 오래 걸린다. 그러나 하위권 학생들일수록 인내심이 부족하다. 이들은 짧은 기간 바짝 공부를 해본다. 기본기가 없는 하위권 학생이 1주일을 바짝 공부한다고 갑자기 전교 10등 안에 들 수 없다. 이들은 대체로 인내심이 부족하며 약간의 시간 투자로 빠른 결과를 원한다. 단기간에 원하는 결과를 얻지 못하면 쉽게 포기한다.

부를 이루기 위해 가장 필요한 태도가 꾸준한 인내심이다. 그러나 안타깝게도 상당수의 가난한 사람들은 인내심이 절대적으로 부족하다. 그렇기 때문에 가난에서 벗어날 수 없다.

내가 아는 지인은 가난한 집안 출신으로 거액의 빚을 지고, 사회생활을 시작했다. 그러나 그는 월급을 받으면 언제나 맛집 투어를 먼저 가고 쇼핑을 했다. 비슷한 옷이 있음에도 불구하고 새로운 옷을 구입했다. 그리고 비용이 많이 드는 고급 취미 활동을 했다. 현재 누릴 수 있는 것들을 누리고 살겠다고 했다.

반지하 원룸에서 사회생활을 시작한 그는 더 좋은 곳으로 이사를 하고 더 좋은 직장으로 이직을 하겠다고 했다. 그러나 수년이 지난 후에도 같은 직장에 다니며, 여전히 그곳에 살고 있었다.

그는 눈앞의 만족을 지연할 수 있는 힘이 부족했다. 현재의 인내가 더 큰 결과로 돌아온다는 것을 믿지 않았다. 그렇기 때문에 돈을 모을 수도 없고, 이번 달의 카드 값을 위해 그저 매일을 열심히 살 뿐이다. 안타까웠다. 그러나 각자의 인생은 그의 선택의 결과들의 합이다. 타인이 대신 살아줄 수도 관여할 수도 없다. 그러나 현재는 가난할지라도 꾸준한 인내와 돈에 대한 의식의 변화를 갖춘다면 삶을 바꿀 수 있다.

내가 책 쓰기 과정 수업을 들으며 알게 된 〈한책협〉의 김태광 대표는 1,100명이 넘는 작가를 배출한 책 쓰기 분야의 최고 전문가다. 가난한 집안 출신, 무스펙 흙수저였던 그는 많은 사람들이 책 쓰기와 퍼스널 브랜딩을 통해 성공하도록 도와주며 가난을 딛고 일어서, 현재 200억 자산가가 되었다. 그는 또한 작가의 꿈을 이루기 위해 7년 동안 노력하며 500번이 넘는 거절을 받기도 했다. 그러나 그는 인내심을 가지고 꿈을 포기하지 않았다. 그 결과 많은 사람들을 도와주며 200억 자수성가 부자가 되었다.

그는 우리의 현실을 바꾸려면 먼저 의식을 바꿔야 한다고 한다. 그는 과거의 가난하던 시절의 부정적인 생각에서 벗어나 부자의 의식, 성공자의 의식을 갖게 됨으로써 삶에서 원하는 모든 것들을 이루게 되었다고 한다. 원하는 미래를 상상하며 자신에 대한 확고한 믿음을 가져야 한다.

원하는 결과를 얻는 순간까지 현재의 만족감을 뒤로 미루고, 포기하지 않는 인내심을 가져야 한다. 이것이 그가 부를 이룬 비결이다.


　진짜 부자는 경제적인 자유뿐 아니라, 건강하고, 시간적, 정신적으로 자유로워야 한다.

　나는 오래도록 부자가 되고 싶다. 아니, 적어도 가난에서 벗어나길 원했고 거의 평생을 투잡으로 일했다. 그러나 나의 마음속에는 돈에 대한 혼란스러운 정의와 부정적인 생각이 있었다. 그래서 돈을 벌면 벌수록 나는 자유롭지 못했다.

　우리가 부자가 되지 못하는 진짜 이유는 뚜렷한 목표도 없고, 잘못된 생각과 믿음, 부에 대한 두려움, 쉬운 길만 찾는 나쁜 습관, 인내심 부족 등이 원인이다. 방법을 모른다기보다는 충분히 인내심을 갖고 적극적으로 행동하지 않기 때문이다.

　우리 안에는 우리가 모르는 무한한 힘이 있다. 부에 대한 생각을 바꾸고 나 스스로에 대한 믿음부터 키워보자. 삶은 우리가 선택하고 원하는 것을 준다.

### 인생을 바꾸는 질문

---

1. 당신이 생각하는 부자들의 이미지는 무엇인가? 긍정적인가? 혹은

부정적인가?

_____

_____


2. 돈에 대해 당신이 느끼는 솔직한 감정을 적어보자. 긍정적인가?

혹은 부정적인가?

_____

_____


3. 부자가 될 수 없는 5가지 원인 중 해당되는 것이 있는가?

_____

_____

# 5

# 학교에서 배운 적 없는
# 돈에 대한 비밀

대학교 1학년 때 나는 학교 앞 카페에서 파트타임을 했다. 시간당 1,200원을 받고, 매일 5시간을 일했다. 휴일 없이 30일을 근무하면 18만 원을 받았다. 아버지께서 30만 원의 용돈을 주셨으나 자취 생활을 하다 보니 용돈이 부족했다. 그래서 부족한 돈은 파트타임을 해서 충당했다. 당시 월급은 얼핏 큰 금액처럼 느껴졌다. 그러나 월급 날 시내에 나가서 청바지 한 벌을 사 입고, 친구들과 맥주 한잔을 하고 나니 월급은 흔적도 없이 사라졌다. 한 달 내내 저녁 시간을 포기하고 번 돈이지만 쓰는 데는 하루면 충분했다.

내가 근무하던 카페의 커피 한 잔 가격은 1,500원이었다. 나의 시급은 커피 한 잔을 사먹을 수도 없는 금액이었다. 더 많은 돈을 벌기 위해서는 근무 시간을 늘리거나 혹은 시급이 높은 곳으로 옮기는 방법밖에 없었다. 그러나 아무리 근무 시간을 늘린다고 해도 낮은 시급으로는 소득의 한계가 명백했다. 나의 자유 시간과 교환한 대가로는 너무 낮은 금액이었다. 그러나 내가 아니라도 일하겠다는 사람은 많았다. 그러니 시급이 불만족스럽다면 내가 다른 일을 구하는 방법밖에 없었다. 내가 생각해낸 방법은 더 많은 돈을 주는 곳으로 옮기는 것이었다. 나는 철저하게 시간과 돈을 교환하는 방식으로 돈을 벌었다. 나는 시간과 돈을 교환하는 단한 가지의 돈 버는 방법만이 존재한다고 생각했다. 그래서 소득을 높이기 위해서는 몸값을 높이는 것만이 최선이라고 생각했다.

우리는 자본주의 세상에 살고 있다. 세상에 나가기 전에 가장 필요한 것은 자본주의 시스템과 돈에 대한 이해다. 아이들은 좋은 직장에 취직하고 잘 살기 위해 공부를 한다. 그러나 공부하는 법만 가르치고, 중요한 돈 버는 방법에 대해서는 어디에서도 가르치지 않는다.

자본주의 시스템에서 돈을 벌 수 있는 여러 가지 방법이 있다. 그러나 학교에서는 나의 시간과 돈을 맞바꾸는 방법만을 가르친다. 그래서 모두가 취직만을 목표로 공부한다. 왜 학교에서는 돈에 대해 가르치지 않지?

왜 모두가 취업을 목표로 하는 교육을 받아야 하지? 왜 우리는 돈 얘기가 불편하지? 나는 이 궁금증에 대한 답을 찾기 위해 정말 많은 책들을 읽었다. 그리고 이 의문에 대한 완벽한 답을 얻었다. 자본주의 시스템에 그 비밀이 있었다.

나는 『돈의 비밀』이라는 책에서 우리가 돈에 대해 배울 수 없던 이유와 자본주의 사회의 비밀을 찾을 수 있었다. 저자 조병학은 오랫동안 미래, 기업, 일, 학습과 관련된 연구를 했다. 그의 책에는 자본주의 사회 특징과 거기서 어떻게 부가 탄생되는지 잘 설명되어 있다.

자본주의는 자본을 기반으로 돌아간다. 자본주의 사회의 일차 목표는 소수의 똑똑한 인재들을 국가를 운영하는 관료층, 의사, 변호사와 같은 공공재로 흡수하는 것이다. 그리고 그 외의 사람들은 그 밖의 직업을 준비할 수 있도록 교육 체제를 구성한다. 자본주의 사회에서는 똑똑한 인재들을 공공재 및 사회 구성원으로 각 위치에 배치해서 사회가 돌아가도록 한다. 그러나 자본주의 세상에서 돈을 버는 작동 원리를 모두가 알아버린다면 시스템 구성원이 되려고 하지 않을 것이다. 누구나 자본주의 시스템의 원리를 이용해서 돈을 벌려고 할 것이다. 그래서 자본주의 사회에서는 돈에 대해 말하는 것을 오히려 금기시하고, 부정적인 분위기를 만들었다. 누군가 돈에 대해 이야기하면 우리는 부정적으로 생각하는 경향이 있다. 돈에 대해 말하는 것을 불편하게 생각하고 돈에 대해 정확하게 알려고 하지 않는다. 그로 인해 자본주의 세상에서 만들 수 있는 기회를 보지 못한다.

자본주의 사회에서는 이 사회의 구성원으로 고용되어 안정적으로 일하는 것을 최선이라고 생각하도록 만든다. 실제로 중학교, 고등학교 교육은 성실한 직장인이 되는 훈련 과정으로 볼 수 있다. 학교를 다니는 동안 우리는 시간과 규칙을 준수하고 주어진 일을 실수 없이 해내는 훈련을 한다. 그리고 초중고와 대학 교육을 거치는 동안 대부분의 아이들이 전문직에 종사하거나, 공기업, 대기업에 취직하는 것을 목표로 공부한다.

자본주의 사회의 비밀을 알고 나니, 마치 영화 〈매트릭스〉에서 시스템 안에 갇혀 있던 주인공이 자신이 살고 있는 세상의 비밀을 발견한 것만 같았다.


부자들이 말하는 돈의 진짜 가치는 시간의 주인으로 사는 것이다. 부자들은 돈으로 다른 사람의 시간을 산다. 반면, 우리는 삶에 필요한 돈을 벌기 위해 나의 시간과 돈을 바꾼다. 직장 생활을 하는 대부분의 사람들은 하루 8시간 노동의 대가로 일정한 급여를 받는다. 그러나 실제로 노동에 투입되는 시간은 그 이상이다. 수입을 높이기 위해서는 시간당 나의 몸값을 높이거나 혹은 근무 시간을 늘리는 방법밖에 없다. 그러나 몸값을 높이는 것은 내가 결정할 수 없는 일이다. 일하는 시간을 늘리는 방식으로 수입을 높이는 것도 한계가 있다.

부자들의 돈 버는 방식은 보통의 사람들과 다르다. 그들은 다른 사람들의 시간 혹은 능력을 레버리지 한다. 자본을 이용해서 나보다 능력이 뛰어난 사람을 고용하고 그 사람이 나를 위해 일하도록 한다. 또 부자들은 돈이 들어오는 시스템을 가지고 있다. 자본을 이용해서 다른 사람의 시간과 능력을 레버리지 할 수 있다는 것이 자본주의의 비밀이다.

우리나라 아이들의 경우에는 자본주의 사회에 대해서 뿐만 아니라, 돈에 대해 배울 기회도 거의 없다. EBS 〈다큐 프라임〉의 다큐멘터리로 방영되기도 했던 『자본주의』에 소개된 설문조사에 따르면 우리나라의 대부분의 가정에서 경제 교육이 이루어지지 않는다고 한다. 대부분의 아이들은 가정의 경제 상황에 대해 잘 모른다고 답했다. 그리고 실제 가정의 경제 상황보다 더 낮게 생각하는 경우가 대부분이었다.

부모들도 경제 교육을 받아본 적이 없기 때문에 자녀들에게 돈에 대해 가르쳐야 한다고 생각하지 못한다. 혹 가정에 어려운 일이 있더라도 자녀들에게는 해당 사실을 공유하지 않는다. 혹은 '아껴 쓰고 저축하라'는 것이 대부분 가정에서의 경제 교육이다.

내가 가르치는 학원의 아이들도 비슷했다. 대부분 부모님과 돈에 대해 이야기하지 않고, 가정의 경제 상황을 잘 알지 못했다. 또한, 아이들 대부분은 돈에 대해 전혀 배울 기회가 없었다.

아이들에게 공부의 목적을 물으면 결국 원하는 것은 '경제적으로 자유로운 삶'이다. 살아보니 잘 살기 위해 가장 필요한 것이 돈에 대한 올바른 이해였다. 그러나 나 역시도 학교를 다니는 동안 어디에서도 돈에 대해 배울 수 없었다. 그래서 나는 아이들이 살게 될 자본주의 세상과 돈에 대해 가르치기로 했다. 나는 학원의 중등부 학생들을 대상으로 〈Children's Future Care(이하 'CF Care')〉라는 독서 토론 수업을 운영하고 있다.

아이들과 함께 읽은 첫 번째 책은 『자본주의』였다. 이 책은 EBS 〈다큐 프라임〉으로 방영되기도 했던 내용이다. 아이들에게는 조금 어려울 수도 있지만, 자본주의 사회 구성원이라면 누구나 반드시 알아야 하는 내용이다. 이 책에는 자본주의 사회에서 어떻게 돈이 만들어지고 쓰이는지에 대한 자세한 내용이 소개되어 있다. 나에게 가장 충격적이었던 것은 책 표지에 쓰인 '쉬지 않고 일하는데 나는 왜 이렇게 살기 힘든가?'라는 문구였다. 모두가 공감할 것이다. 누구나 열심히 일하지만 월급만으로는 자본주의 세상에서 부자가 되기 어렵다.

자본주의 사회는 빚이 있어야 돌아가기에 자본주의 사회는 '빚을 권하는 사회'다. 우리의 돈을 안전하게 보관해주는 고마운 곳이라고 생각했던 은행은 대출을 권하고 이자로 수입을 만드는 기업이다. 은행은 지급 준비율에 따라 일정 비율만을 은행에 보관하고, 나머지 돈은 대출을 해준다. 이 과정 중 시중의 돈의 양이 늘어나면 돈의 가치가 떨어진다. 돈의 양이 늘어나는 것은 물가 상승의 원인이 되고, 인플레이션이 온다.

아이들 대부분은 '열심히 저축하기'를 부자가 되기 위한 가장 중요한 수단으로 꼽았다. 그러나 은행에 오랫동안 돈을 묻어두는 것은 좋은 선택이 아니다. 시간이 지나면서 돈의 가치는 낮아지게 된다. 1만 원으로 살 수 있는 상품 혹은 서비스가 줄어들게 되며, 같은 돈을 가지고 있지만 상대적으로 가난해지는 셈이다.

부자가 되기 위해서는 먼저 돈이 만들어지는 원리를 이해해야 한다. 처음에는 누구나 노동 수입으로 돈을 번다. 그러나 돈과 시간을 바꾸는 방식으로는 소득의 한계가 있다. 또, 은퇴 후를 대비하기 위해, 내가 일하지 않는 시간에도 돈을 벌 수 있는 시스템이 필요하다.

아무리 많이 벌어도 지출이 수입을 넘는다면 절대 부자가 될 수 없다. 시간이 지나면서 돈의 가치는 달라진다. 따라서 열심히 저축만 하는 것이 때로는 가장 위험한 선택이 된다. 돈은 나의 소중한 시간이다. 그러니 지키기 위해서는 철저하게 돈에 대해 공부해야 한다. 즉, 수입, 지출, 투자를 모두 고르게 이해하고 관리해야 한다.

나는 돈에 대해 무지했었다. 돈을 많이 벌기 위해 일을 많이 하는 것은 당연하다고 생각했다. 그러나 그런 방식으로는 한계가 있었다. 뿐만 아니라 그 과정에서 자유와 건강을 잃어야 했다. 건강과 바꾼 돈은 가장 어리석은 돈이다.

우리는 자본으로 돌아가는 자본주의 세상에 살고 있다. 이 세상에서 잘 살기 위해 자본주의 시스템과 돈에 대해 반드시 알아야 한다. 열심히 일하는 것만이 정답이 아니기에 우리는 똑똑하게 살아야 한다. 우리가 살고 있는 이 세상에 대해 반드시 공부해야 한다. 스스로 정한 대로 생각하며 살지 않으면 우리는 사는 대로 생각하게 된다.

## 인생을 바꾸는 질문

_____

1. 학교에서 돈에 대해 가르치지 않는 이유는 무엇인지 생각해보자.

_____

_____

2. 우리 가정에서는 자녀들에게 돈에 대한 교육을 하고 있는가? 어떤

방식으로 교육하는가?

_____

_____

3. 돈에 대한 이해의 부족으로 곤란함을 겪은 경험이 있는가?

_____

_____

_____

# 인생의 90%는 돈과
# 연결되어 있다

삶의 모든 순간, 돈에 대한 아무 고민 없이 모든 결정을 내릴 수 있다면 얼마나 좋을까? 돈은 우리에게 원하는 일을 할 수 있는 자유와 원하지 않는 일을 하지 않을 수 있는 자유를 준다. 이것이 우리가 돈을 벌어야 하는 이유다.

요즘에는 아이의 관심 분야를 일찍 발견해서 진로 교육을 시키고자 하는 부모들이 늘어나고 있다. 내가 학교를 다니던 시절에는 공부 외에 다른 선택지가 거의 없었다. 정보도 부족했다. 모든 아이들이 공부를 했고,

성적순으로 줄을 서서 대학에 입학했다. 이제는 공부 외에 성공할 수 있는 방법이 많다. 일찍부터 운동이나 음악, 무용, 미술 등의 전공 준비를 시키는 경우도 있다. 전공으로 이어가는 아이들도 있으나, 그렇지 못한 경우가 더 많다. 가장 흔한 이유는 많은 비용이 드는 데 비해, 열정이나 성과가 두드러지지 않기 때문이다. 여전히 많은 아이들이 공부를 선택하는 것은 공부로 얻을 수 있는 선택지가 가장 많기 때문이다.

학창 시절 생각나는 두 명의 친구가 있다. 한 명은 중학교 때 친구다. 그 친구는 학원 한 번을 다니지 않고 매일 노는 것 같았다. 그런데 시험을 보면 늘 반에서 1~2등을 했다. 매일 놀면서 좋은 성적을 받는 것 같아 친구를 질투한 적도 있었다. 나는 그 친구가 당연히 인문계 고등학교에 진학할 것이라고 생각했다. 그러나 그 친구는 실업계 고등학교 진학을 선택했다.

당시에는 성적이 좋은 아이들은 대부분 인문계 고등학교를 진학했다. 그런데 그 친구는 가정 형편 때문에 대학에 진학할 수 없다고 했다. 똑똑한 친구를 질투하기도 했지만, 친구가 가정 형편으로 인해 인문계 고등학교를 갈 수 없다고 생각하니 서글펐다.

다른 친구는 고등학교 1학년 때 친구였다. 그 친구는 성적이 좋은 편은 아니었으나 예쁜 외모를 가지고 있었다. 또, 키도 크고 날씬한 편이었다. 그 시절 대부분의 아이들은 성적에 따라 천국과 지옥을 오가는 듯 살았다. 그러나 그 친구는 인생에 큰 고민이 없어 보였다. 고등학교 2학년 때 무용을 하겠다고 했다.

당시에는 인문계 학교에서 예체능을 선택하는 아이들이 많지 않았다. 특히 고등학교 때 진로를 바꾸는 일은 흔하지 않았다. 그리고 고등학교 3학년 때 그 친구가 외국으로 유학을 간다는 것을 다른 친구들을 통해 전해 들었다.

두 친구 모두는 각자의 자리에서 잘 살고 있을 것이다. 어떤 환경에서 태어날 것인가는 내가 선택할 수 없는 일이다. 그러나 인생의 중요한 결정 앞에, 돈은 선택의 큰 기준이 된다. 경제적 형편은 그 사람의 인생에 큰 영향을 준다. 아프지만 이것은 현실이었다.


우리의 하루를 돌아보면 돈과 관련되지 않은 일이 없다. 아침부터 밤까지 우리의 모든 선택에는 비용이 발생한다. 모두 한정된 비용으로 살기에 우선순위에 따라 지출을 선택한다.

출근길에 스타벅스에 들러 커피 한잔을 마실 것인가? 출근 후 인스턴트커피를 마실 것인가? 아이의 공부를 위해 학습지를 시킬 것인가? 학원에 보낼 것인가? 과외를 시킬 것인가? 건강을 지키기 위해 영양제를 먹을 것인가? 밥이 보약이니 밥만 잘 챙겨 먹을 것인가? 가족이 아프다면 가장 먼저 걱정이 되는 것은 병원비에 대한 걱정이다. 대부분의 사람들은 나도 모르게 돈에 대한 걱정이 먼저 떠오른다.

삶의 모든 순간 돈과 관련되지 않은 결정이 없다. 살아가는 데 가장 기본이 되는 의식주 해결부터, 아이의 진로 선택과 건강을 지키는 일 등 삶의 모든 순간에 비용이 발생한다.

다행인 점은 돈으로 해결할 수 있는 문제들은 비교적 난이도가 낮은 쉬운 문제다. 즉 돈이 있어서 해결할 수 있는 문제는 진짜 문제는 아니라는 것이다.

예를 들어, 아이의 낮은 성적을 해결하기 위해 학원에 보낸다고 가정해보자. 그러나 학원에 가기만 한다고 문제가 해결되는 것은 아니다. 아이가 공부를 하겠다는 마음이 있어야 원하는 결과를 얻는다. 이때 만약 아이가 공부할 마음이 없다면, 그것이 진짜 문제다. 심지어 그것은 돈으로 해결할 수 없는 문제다. 물론 선물 등으로 일시적인 외적 동기를 줄 수는 있다. 그러나 공부라는 장거리 마라톤을 외적 동기로 오래 지속할 수 없다.


나는 바쁘게 일하느라 건강을 돌보지 못했고 한때 건강을 심하게 잃었다. 병원에 2주 가까이 입원하며, 엄청난 고통을 겪었다. 짧은 기간 굉장히 많은 병원비가 나왔다. 다행히 나는 병원비를 지불할 돈이 있었다. 그리고 퇴원 후 건강을 반드시 챙겨야겠다는 생각을 했다.

많은 전문가들이 현대인들의 건강을 위해서는 반드시 영양제를 먹어야 한다고 한다. 나는 영양제를 챙겨 먹는 일이 귀찮기도 했고, 당장 급한 일이 아니니 돈을 쓰기 싫었다. 그러나 건강에 대한 비용을 아낀 결과 건강을 잃고 엄청난 고통을 겪었다. 건강을 챙기는 결정에는 추가적인 지출이 따른다. 그러나 만약 다시 건강을 잃는다면, 더 큰 고통과 지출이 따른다. 무엇보다 내가 일을 멈추면 동시에 수입도 끊긴다. 그러니 멀리 본다면 건강을 위해 비용을 지출하는 것이 더 현명하다. 그러니 이것은 지출이 아닌 미래를 위한 투자였다.


사실 내가 건강을 잃었던 것은 처음 있는 일은 아니었다. 서른 초반의 나는 운전을 시작하며, 원인 모를 다리의 통증이 시작되었다. 뼈, 관절, 신경, 연골, 근육, 통증의학, 재활치료, 한의원, 중의원 등 방문해보지 않은 병원이 없을 정도로 전국의 병원을 다 돌았다.

당시에 나는 이루고 싶은 꿈들이 많았다. 대학원에 진학해서 영어 교육을 공부하고, 영어 교육 전문가로 언젠가 강의하는 꿈을 가지고 있었다. 꿈 목록 옆에는 꿈을 이루기 위해 마련해야 비용들이 적혀 있었다. 대학원 학비와 생활비를 고려하니 적지 않은 금액이었다.

당시 가정 형편도 좋지 않은데다 나의 건강마저 좋지 않으니 늘 미래가 불안했다. 계속되는 병원 검진과 치료로 경제적으로도 큰 부담을 느꼈다. 열심히 일하고 벌었지만 많은 돈이 병원비로 나갔다. 시간이 지날수록 통증은 심해졌고, 이 상황이 오래도록 지속되니 두렵고 불안했다. 가장 큰 두려움은 내가 일을 멈추게 될 경우 생계에 대한 두려움이었다.

당시 나는 Y 학습지 관리 교사로 업무적으로 인정받고 있었다. 그러나 건강상의 사유로 나는 결국 사랑하던 일을 내려놓을 수밖에 없었다. 행복을 지키고, 꿈을 이루는 일에는 돈이 든다. 그러나 건강을 잃으며 나는 돈과 꿈을 함께 잃어야 했다. 건강을 잃으면 모든 것을 잃는 것이다.

당시 나에게는 선택지가 많지 않았다. 모아놓은 돈이 많지 않았기 때문에 대학원 비용은 무조건 장학금을 받아야 했다. 다행히 내가 목표로 하던 대학원에 전액 장학금을 받으며 다닐 수 있었다. 대학원에 다니면서 일을 병행할 계획이었지만 쉽지 않았다. 내가 입학한 학교는 영어교육계에서는 유명한 International Graduate School of English(이하 IGSE)라는 학교였다.

대학원 대학 시절 파트타임 면접을 보러 가면, 그 학원의 학원장들이 "IGSE 대학원에 어떻게 입학했냐?"며 부러운 듯 묻곤 했었다. IGSE는 입학 전 경쟁률도 높았지만 졸업까지의 과정도 만만하지 않았다. 전일제 학생으로 아침 9시부터 오후 6시까지 공부를 해야 했다. 직장을 그만두고 입학해야 했기에 큰 각오와 결단이 필요했다. 대학원의 모든 수업은 다 영어로 진행되며, 당연히 모든 수업은 원서 교재를 사용했다.

순수 국내파로 100% 영어로 학원의 수업을 진행하며 유창한 회화를 하던 나였다. 그렇지만 외국인 교수님들께서 영어로 진행하시는 대학원의 수업은 전혀 다른 세상이었다. 수업을 따라가기 위해 예습은 필수였다. 배경지식이 부족하기에 학습 내용을 이해하는 데 더 많은 시간이 소요되었다. 또 학기마다 영어로 진행되는 1시간 분량의 영어 프레젠테이션에 대한 압박은 그야말로 어마어마했다.

학기 중에는 일과 병행하는 것은 불가능한 일이었다. 나는 학기 중에는 수업에 집중했다. 방학마다 빽빽하게 일했다. 국내 유명 영어 캠프에서 수업을 하거나, 교사 대상 워크숍에서 강의를 하며 돈을 벌었다. 방학 중 번 돈으로 다음 학기 생활비를 보태며 살아갔다.

2년 동안 모든 인간관계를 단절해야 했다. 시간도 없었지만 돈도 없었기 때문이다. 감사한 시간이었으나 서른이 넘은 나이에 도시락과 봉지 커피를 갖고 다니는 현실은 쉽지 않았다.

대학원 재학 동안 나는 감사하게도 건강을 회복했다. 그래서 다시 꿈을 꿀 수 있게 되었다. 대학원 입학 당시 나는 박사 과정까지 진학을 목표로 했었다. 그러나 2년 동안 긴축하며 살고 나니, 더 이상 이 곤궁한 생활을 인내할 자신이 없었다. 배움의 욕구를 끝없이 채우고 싶을 것 같던 나의 마음은 현실의 불편 앞에서 달라졌다. 통장 잔고가 너무 가벼워지니 다시 또 마음이 불안해졌다. 졸업과 동시에 나는 목표로 하던 Y사의 본사에 취업을 했다. 그리고 다시 현실 세계로 돌아와서 먹고사는 문제를 해결하기 시작했다.

사람은 누구나 인내심이 제한되어 있다. 기본적인 욕구들을 절제하는 데 많은 에너지를 쓰다 보면 인내심이 고갈된다. 가난한 상태로 감사하기 위해 더 많은 노력을 해야 한다. 돈으로 행복을 살 수는 없을지는 모른다. 그러나 많은 편리성을 얻고, 대부분의 불편들을 제거할 수는 있다. 그 과정에서 절대 잃지 않아야 하는 것은 건강이다. 건강하기만 하다면 어떤 어려움에도 다시 일어설 수 있다.

당신은 현재의 삶에 만족하는가? 지금 이 삶이 당신이 누릴 수 있는 최고의 삶인가? 만약 그렇지 않다면 과거와 다른 선택들을 하면 된다. 명확한 목표를 정하고, 목표를 향해 인내심을 가지고 한 방향으로 점을 찍어보자. 5년 후 당신은 현재와 다른 삶을 살게 될 것이다.

인생의 대부분의 문제들은 돈과 연관되어 있다. 그리고 우리의 삶은 우리의 선택의 결과다. 당신의 삶에 책임감 있는 태도로 당신이 진짜 원하는 삶을 선택하자.

### 인생을 바꾸는 질문

1. 최근에 내가 경험한 걱정은 무엇이었나? 경제적인 것과 관련된 것인가?

_____

_____

2. 삶에서 포기했던 아쉬웠던 기억을 떠올려보자. 그 이유는 무엇인가?

_____

_____

3. 건강을 잃으면 모든 것을 잃는 것이다. 나는 건강을 지키기 위해 어떤 노력을 하는가?

_____

_____

# 2장

## 엄마의 돈 공부는 선택이 아닌 필수다

# 내 아이에게 무엇을
# 남겨줄 것인가?

20년째 아이들과 학부모들을 만나면서 시대가 바뀌어도 변하지 않는 진리가 있다. 정말 신기할 정도로 부모님들의 모습이 아이들에게 보인다. 간혹 어머니와 다른 아이를 보고 갸우뚱하는 경우도 있다. 그러나 학생의 아버지를 뵙게 되면 퍼즐이 정확하게 맞춰진다.

학원을 개원했던 첫 해에 만난, 기억나는 아이가 있다. 어머니는 너무 사랑스럽고 에너지가 밝은 분이었다. 그 어머니의 아이는 보통의 아이들보다 특별했다. 떠오르는 생각을 여과 없이 말해서 친구를 울리기도 했고, 거침없는 발언에 때론 선생님께서 당황하시기도 했다. 그 어머니께서는 자신과 너무 다른 아들의 모습에 지치고 속상해하셨다. 오히려 내가 어머니를 위로해 드리고 그 아이가 가진 장점을 자주 상기시켜드려야 했다.

어느 날 그 어머니께서 해맑게 웃으며 말씀하셨다. 시어머니께서 그 아이의 모습이 딱 아버지의 어린 시절 같다고 하셨다고 한다. 지금은 너무 잘 자란 아버님이셨다. 그러나 어린 시절에는 둘째가라면 서러운 개구쟁이셨다고 한다. 그 어머니께서는 희망을 얻은 것이다.

우리는 부모님들로부터 무언가를 물려받는다. 키, 외모, 머릿결, 피부 등 외적인 모습뿐만 아니라 기질과 성격까지 물려받는다. 나 역시도 어머니와 아버지를 고르게 닮았다.

나의 부모님께서는 내가 초등학교 6학년 때부터 별거를 하셨다. 나는 그해부터 서울의 이모님 댁에서 살았다. 내 인생에서 부모님과 함께 산 시간은 그리 길지 않았다. 그럼에도 불구하고 나는 놀랍도록 두 분의 기질을 닮았다.

어머니께서는 평생 자영업자로 자신의 사업을 하셨다. 젊어서부터 옷 장사를 하시며 큰돈을 만지셨기에 아끼고 절약하는 삶보다 많이 벌고 자유롭게 돈을 쓰는 삶이 익숙하셨다.

나의 아버지께서는 일흔이 넘은 연세까지 평생 동안 직장 생활을 하셨다. 자동차 정비 중 용접이라는 전문 기술을 가지고 있으셨다. 만약 사업을 하셨다면 큰돈을 버실 수도 있었다. 그러나 안정을 선호하는 아버지께서는 일흔이 넘도록 성실하게 직장 생활을 하셨다.

나의 어머니와 아버지, 두 분은 돈에 대해 매우 다른 관점을 가지고 있으셨다.

아버지께서는 안정을 가장 중요하게 생각하셨다. 또 빚이란 위험한 것이라고 생각하셨다. 좋은 조건으로 집을 살 수 있는 기회가 많았지만, 빚을 지는 것은 위험한 일이라고 생각하셨다. 그래서 평생 내 집 마련을 하지 못하셨다. 그리고 평생 돈을 모으기만 하셨다.

어머니께서는 큰돈을 버신 적도 있었고, 어려웠던 적도 있었다. 어머니께서는 돈이 모이면 땅과 집을 사셨다. 돈을 벌 수 있다는 자신감이 있기에 돈을 쓰는 데도 두려움이 없으셨다.

나는 참 아이러니하게도 아버지의 열심히 버는 기질과 어머니의 아낌없이 쓰는 기질을 물려받았다. 그래서 대학 시절 내내 파트타임을 하며 열심히 돈을 벌었지만 모으지 못했다.

부자가 되려면 돈을 많이 벌기도 하고 잘 모으기도 해야 한다. 그러나 나는 열심히 벌었지만, 돈을 아껴 쓰고 모으는 일에는 소질이 없었다. 돈을 벌면 늘 쓸 곳이 생각났다. 돈을 모으는 데에는 인내심이 많이 부족했다.

이렇게 우리는 부모로부터 많은 것들을 물려받는다. 그 중 가장 중요한 것은 부모의 생각과 삶을 대하는 태도다. 어린 시절 부모로부터 보고 자랐던 것들은 우리의 무의식에 새겨진다. 좋은 것을 배우기도 하지만, 때로는 피하고 싶은 모습을 닮게 되는 경우도 있다. 우리는 자라며 보고 배우는 것이 가장 크기 때문이다.

나는 아이들을 가르치며, 아이들을 이해하기 위해 육아서를 읽기 시작했다. 육아서를 읽으며 어린 시절의 나를 발견했다. 그때는 이해할 수 없던 부모님을 이해하게 되었다. 때로는 아이들의 모습을 통해, 내 안의 어린 시절의 두려움과 상처를 발견하기도 했다.

『현명한 부모는 자신의 행복을 먼저 선택한다』의 저자이자 소아정신과 교수인 신의진 교수는 "부모가 가진 '마음의 틀'이 아이의 인생을 결정한다"고 한다. 그녀는 "이렇듯 마음은 순식간에 바뀔 수 있지만, 현실적으로 우리의 마음은 쉽게 바뀌지 않는다. 마음은 세상과 자신을 보는 일종의 '틀'로서 오랜 기간 서서히 만들어져 굳어진 것이기 때문이다."라고 말한다. 같은 일에 대해 아이들 모두는 전혀 다른 태도를 보인다. 아이들이 생각하는 자신의 한계는 아이 자신의 생각이 아닌, 부모님의 생각으로부터 출발한다. 부모가 자녀를 바라보는 시선, 부모가 주는 믿음, 부모의 생각과 태도에 따라 아이들의 생각과 선택이 다르다.

자식에게 평생 손을 떼야 할 시기가 두 번 있다. 혼자 걷기 시작하는 시기와 부모로부터 정신적으로 독립을 시작하는 사춘기다. 손을 놓지 못하는 것은 아이가 잘못되면 어쩌나 하는 걱정, 즉 믿음의 부족이다. 적절한 타이밍에 손을 떼지 못하면, 평생 부모의 손을 잡고 걷는 아이로 자라게 된다. 아이는 부모가 정해준 틀보다 더 큰 사람으로 성장할 수 없다.

아이들은 걸음마를 배우다 넘어지면 가장 먼저 엄마를 쳐다본다. 엄마의 반응을 살피는 것이다. 엄마가 괜찮다는 표정을 보이면 아이는 환하게 웃으며 벌떡 일어난다. 엄마가 놀라거나 걱정스러운 표정을 보인다면 아이는 크게 울기 시작한다. 걱정이 많은 부모를 둔 아이들은, 아이들 또한 두려움이 많고 걱정이 많다. 쉽게 도전하지 않고 걱정부터 한다.

아이는 넘어지지 않고 걸을 수는 없다. 넘어진 것을 두렵게 느끼게 하거나 잘못한 일처럼 느끼게 해서는 안 된다. 아이를 믿고, 스스로 일어서는 그 순간을 칭찬해야 한다. 기질적으로 겁이 많은 아이들이 있다. 그런 경우 함께 손을 잡고 걷다가 손을 놓고 조금씩 혼자 걷는 연습을 하도록 한다. 스스로 걸어본 경험은 우리 인생의 첫 번째 자신감이 된다.


초등학교 3학년까지의 나는 주변의 기대를 한몸에 받던 똑똑한 아이였다. 어머니는 장사를 하느라 바쁘셨지만 가게에서 짬이 날 때마다 나를 가르치셨다. 어머니께서는 피아노라고는 평생 구경도 못 해본 분이셨다.

그런 어머니께서 지인에게 음악 이론을 배워서, 나에게 가르치셨다. 나는 덕분에 고등학교 졸업 때까지 음악 이론에는 자신감이 넘쳤다.

장사가 바빠지면서 어머니께서는 자연스럽게 나에게 손을 떼셨다. 나는 공부를 열심히 하고 잘하던 시절도 있었고, 바닥권에서 헤매던 때도 있었다. 대학을 졸업하고도 취업을 못 하고 백수로 지내던 시절이 한참 계속됐다. 그러나 어머니는 잔소리를 하신 적이 없다. 모든 순간 어머니께서는 나에게 한결같은 믿음을 주셨다. 그 믿음은 자신에 대한 믿음으로부터 출발한다. 어머니는 평생 자영업을 하시며 인생을 주도적으로 살아오셨다. 그렇기 때문에 자신에 대한 믿음이 확고했다. 어떤 순간에도 안 될 거라는 생각은 한 번도 안 해보셨다고 한다. 그리고 이 믿음은 자신뿐만 아니라, 자신의 딸들에게도 동일하게 적용되었다.

요즘 아이들은 태어나면서부터 부족함이 없다. 어려서부터 많이 배우고 똑똑하게 자란다. 삶에 결핍이 없기 때문에 오히려 치열하게 살아야 할 이유도 없다. 자녀를 사랑하는 마음에 부모가 나서서 많은 것들을 대신 해결해주기도 한다. 덕분에 요즘 아이들은 똑똑하지만 나약해진다. 누군가가 정해준 대로만 살거나, 스스로 문제를 해결해본 경험이 없는 아이들은 교실 밖 세상이 벅차기만 하다.

내가 원하지 않아도 삶에는 많은 변동성들이 끼어들게 마련이다. 피하기만 하는 사람은 작은 시련에도 쉽게 부서진다. 안정적인 삶보다 많은 것을 시도하는 변동성 넘치는 삶을 살아야 한다. 나는 안정적인 삶 대신, 안티프래질한 삶을 살아야 한다고 생각한다.

프래질fragile이란 '부서지기 쉬움', '깨지기 쉬움'이란 의미다. 안티프래질antifragile이란 프래질fragile과는 다른 개념으로, 충격을 가할수록 더 좋아지는 것들을 가리킨다. 이 개념은 나심 니콜라스 탈레브의 『안티프래질』에 나오는 개념으로, 충격을 가할수록 더 좋아지는 대상들을 가리킨다. 이 책에서 저자는 "안티프래질이란 회복력 혹은 강건함 이상의 의미를 갖는다. 회복력이 있는 물체는 충격에 저항하면서 원상태로 돌아온다. 반면, 안티프래질한 대상은 충격을 가하면 더 좋아진다"고 한다. 즉, 그는 적절한 불확실성, 충격, 변동성, 스트레스는 오히려 무언가를 더 좋아지게 만든다고 한다. 마찬가지로 아이들도 삶에 다양한 변동성과 작은 시련들을 극복해나가는 과정에서 오히려 더 단단한 사람이 될 수 있다.

만약 내 아이에게 딱 하나만 물려줄 수 있다면, 나는 무엇을 선택할 것인가?

인생에서 아이들에게 부모의 적극적인 개입과 도움이 필요한 시기는 길지 않다. 부모를 필요로 하는 시기에는 정성껏 보살피고 그 이후에는 엄마도 자신의 인생을 살아야 한다. 엄마가 열심히 사는 모습을 보며 아이들은 삶에 대한 열정과 태도를 배운다.

또한, 어린 시절의 돈을 대하는 태도와 소비 습관은 성인이 된 이후까지 영향을 준다. 그러니 경제관념과 올바른 소비 습관은 부모가 물려줄 수 있는 가장 귀한 자산이다.

사람은 스스로의 경험을 통해 가장 많이 배운다. 또, 가장 좋은 가르침은 부모의 말이 아닌, 부모가 직접 보여주는 삶이다. 모든 아이는 자신의 인생을 이끌어갈 힘을 가진다. 다만, 부모는 아이가 시행착오를 겪는 시간을 믿고 기다려주기만 하면 된다. 아이에 대한 그 믿음은 나에 대한 믿음으로부터 시작한다. 그러니 먼저 나 자신의 잠재력과 가능성을 믿자.

## 인생을 바꾸는 질문

_____

1. 나는 나 자신을 믿는 편인가? 그렇다면 혹은 그렇지 않다면 그 이유는 무엇인가?

_____

_____

2. 부모님께서 물려주신 가장 좋은 기질 혹은 습관은 무엇인가?

_____

_____

3. 내 아이에게 딱 하나만 물려줄 수 있다면, 나는 무엇을 물려줄 것인가?

_____

_____

## 2

# 자본주의를 모르면 점점
# 더 가난해진다

얼마 전 지역 내 유명 맛집을 오랜만에 방문하고 깜짝 놀랐다. 가격이 무려 30%나 올랐다. 최근 인건비와 재료 가격이 많이 올랐다고 했다. 2022년 6월 기준 우리나라 물가는 전년 동월 대비 6%나 상승했다. 심지어 전기료와 도시가스는 무려 11%나 가격 인상을 했다. 고정 급여로 생활하는 월급쟁이들에게 물가가 올랐다는 소식만큼 우울한 소식은 없다. 열심히 일했지만, 지출이 늘어나니 상대적으로 더 가난해지는 셈이다.

나는 재테크 공부를 위해 교육을 듣던 중 한 권의 책을 소개 받았다.

『자본주의』라는 책이었다. 생각해보니 자본주의 세상에 살고 있으면서 나는 이 세상에 대해 생각해본 적이 한 번도 없었다. '왜 물가가 오르는지? 왜 대출 금리가 오르고 내리는지?'에 대해 생각해본 적이 없었다. 식당에서 밥값이 오르면 물가가 올랐나 보다 생각했고, 대출 금리가 오르면 이번 달 내가 납부해야 할 이자만을 생각했다. 그러나 세상 모든 일에는 원인이 있기 마련이다. 우리 생활 속에서 돈과 관련된 수많은 일을 매일 겪으면서도 돈에 대해 생각해본 적이 없었다. 나는 이 책을 읽으며 엄청난 충격을 받았다. 나는 내가 사는 세상에 대해 아무것도 아는 것이 없었다. 자본주의 세상에 대한 우리가 모르는 몇 가지 사실을 정리해보겠다.

한번 인상된 물가는 좀처럼 내려가지 않는다. '물가가 안정되었다'는 말은 물가가 내려갔다는 느낌을 주기도 한다. 이것은 가파르게 오르던 물가 상승률이 다소 완화되었다는 의미다.

예를 들어, 대표적인 서민들의 음식인 자장면 가격의 변화를 생각해보자. 지난 2015년부터의 자장면 가격 변화를 살펴보면, 2015년 당시 전국 평균 약 4,500원이던 자장면이 2022년 기준 6,000까지 인상됐다. 이렇듯 물가는 결코 내려간 적이 없다.

여기에 우리가 모르는 자본주의의 비밀이 있다. 자본주의 사회에서 물가가 계속 오르는 진짜 이유는 바로 은행 때문이다. 자본주의 경제 체제는 은행과 거대 자본을 중심으로 움직인다. 은행의 대출 때문에 시중에 돈의 양이 늘어나고, 결국 물가가 오르게 되는 것이다.

우리는 예금한 돈이 실물로 은행에 보관되어 있을 것이라고 생각한다. 돈은 통장과 컴퓨터의 숫자상으로만 존재한다. 예금한 돈은 실제로 은행에 보관되어 있지 않다. '지급준비율'이란 제도가 있다. 고객으로부터 받은 예금액 중 일정 비율을 중앙은행에 보관해야 하는 제도다. 지급준비율이 높을수록 더 많은 금액을 은행에 보관하고 있어야 한다. 반대로 지급준비율이 낮다면 은행은 더 많은 돈을 대출해주고 이자 수입을 얻을 수 있다. 은행은 이런 시스템 덕분에 고객들이 예금으로 맡긴 금액보다 훨씬 더 많은 금액을 대출로 빌려줄 수 있다. 이런 방식으로 시중에는 실제 존재하는 것보다 더 많은 돈이 대출될 수 있다. 만약 고객들이 한꺼번에 은행에 돈을 찾으러 오게 된다면 은행은 파산하게 된다. 이것이 금융위기 때 은행들이 파산하게 되는 이유다.

자본주의 사회는 빚이 있어야만 돌아가는 시스템이다. 그래서 자본주의 사회는 빚을 권한다. 은행은 대출이 있어야만 수입 창출이 가능하다. 채무 상환과 이자 납부의 능력이 있는 사람에게 대출을 해주는 것은 문제가 되지 않는다. 문제는 더 이상 대출을 받을 사람이 없는 경우, 대출 자격이 안 되는 사람에게 대출을 해주는 것이다.

경기가 좋을 때는 문제가 되지 않는다. 주택 가격이 오른 후 주택을 다시 팔아서 원금을 상환할 수 있기 때문이다. 문제는 주택 가격의 거품이 꺼지거나 혹은 경기가 좋지 않은 경우이다. 계속되는 인플레이션 뒤에는 반드시 경기 침체가 온다. 이때 거품이 꺼지고 주택의 가격은 하락한다. 혹은 인플레이션으로 금리가 인상된다. 대출 이자를 상환할 수 없는 사람들이 생긴다. 많은 주택들이 한 번에 매물로 나오게 되며 공급이 많아지게 되면서 주택 가격은 더욱 하락한다. 그리고 주택을 되팔아도 가지고 있던 원금을 상환할 수 없는 상황이 시작된다. 이런 식으로 금융 위기가 시작되는 것이다.

우리는 저축만으로 충분히 미래를 대비할 수 없으며 금융에 대한 이해력이 필수다. 많은 전문가들은 '금융교육'의 필요성을 강조한다. 금융지식과 활용 능력이 빈부의 격차를 더욱 벌려놓을 것이 분명하기 때문에 금융 이해력은 모두가 갖추어야 할 필수 능력이다. 특히, 아이들의 생각과 태도는 성인이 되어서도 쉽게 바뀌지 않기 때문에 어린 시절의 금융교육은 무척 중요하다고 한다. 『경제는 습관이다』의 저자인 천규승 경제학 박사는 OECD에서도 금융 이해력을 '생존의 도구'라고 말한다고 한다.

자본주의 사회에서 수익을 만들어내는 과정을 생각해보자. 기업은 시설과 재료, 노동력에 대한 임금을 투자해서 상품을 만든다. 생산된 상품에서 투여된 재료, 노동력에 대한 비용을 제외하고, 세금을 낸 나머지를 기업의 이윤으로 취한다. 동일 조건에서 이윤을 높일 수 있는 것은 투입되는 노동력에 대한 비용을 절약하는 것이다. 산업화 이후 노동력에 대한 비용을 절약하기 위해 자동화와 시스템을 갖추는 데 많은 비용과 노력을 쓰고 있다. 이에 값싼 노동력을 투입하여 기업은 더 많은 이윤을 얻을 수 있다.

또한, 노동력을 투입해서 얻는 노동 수입은 자산 수입 증가분을 따라갈 수 없다. 최근 대한민국 임금 상승률은 2023년 최저임금 기준 5% 상승되었다. 2022년 6월 기준 물가상승률은 6%이다. 임금 상승분은 이후 상품 가격에 반영되어 추가적인 물가 상승이 예측된다.

2021년 기준 주택 가격 상승률을 본다면 서울 주택의 경우 최저 5.7% 인상, 가장 많이 상승된 지역의 경우 21.7%의 상승률을 보이고 있다. 급여가 6% 인상되었다고 해도 주택 가격 6% 상승과 그 금액 면에서 비교할 수 없을 정도로 큰 차이를 갖는다. 그래서 임금이 아무리 오른다 해도 자본주의 세상에서 월급만으로는 절대 부자가 될 수 없다.


벼락거지라는 신조어가 등장했다. 열심히 저축만 하고 투자를 하지 않은 사람들이 하루아침에 가난해졌다는 상대적 박탈감을 표현한 말이다. 인플레이션으로 현금 가치는 낮아졌다. 반면, 최근 몇 년 사이 수도권 지역 집값과 자산 가치는 크게 상승했다. 예를 들어, 1억의 돈을 통장에 넣

어둔 사람과 부동산 혹은 주식 등의 자산에 투자한 사람이 있다고 가정해보자. 통장의 현금은 1억 그대로인 반면, 모든 물가가 올랐다. 우리 지역의 아파트는 약 2~3년 전에 비해 약 1.5~2배 가까이 올랐다. 예전과 같은 부동산을 구입하려면 더 많은 자금이 필요하다. 그러니 현금을 통장에 보관한 사람은 상대적으로 가난해진 셈이다.

물가 상승이란 시중에 돈이 많아졌고 이로 인해 돈의 가치가 떨어졌다는 의미다. 이것을 인플레이션이라고 한다. 코로나19 이후, 경기 침체를 막기 위해 낮은 금리를 유지했다. 저금리를 유지하면 이자 부담이 낮기 때문에 대출이 늘게 된다. 이로 인해 시중의 통화량이 증가하게 된다. 이것을 양적 완화라고 한다. 시중의 돈이 많아지면 돈의 가치는 상대적으로 낮아진다. 이로 인해 물가가 올라간다.

이처럼 시중의 통화량이 많아지면 화폐 가치는 떨어지고 물가 상승으로 이어진다. 이를 해결하기 위해 은행 금리를 높인다. 대출 금리를 높임으로써 시중의 통화량을 조정할 수 있다. 금리를 높이면 이자 부담은 상대적으로 늘어나게 된다. 대부분의 가정에서 주택 구입을 위해 은행 대출을 이용한다. 급여는 그대로인데 더 많은 주거비용이 발생한다. 물가 상승으로 더 많은 생활비를 지출한다. 물가 상승률은 언제나 임금 인상률보다 가파르다.

나는 수도권 상승장에서 벼락거지가 된 사람을 알고 있다. 그는 수도권에서 20평대 초반의 소형 아파트를 매수했다. 그러다 몇 년 뒤 지방 중소도시로 이사를 했다. 수도권에서 일하기 때문에 평일에는 직장 근처의 오피스텔에서 지냈다. 그렇게 몇 년 간 두 집 살림을 했다. 두 집 살림으로 인한 추가 비용 발생과 생활의 불편을 겪었다. 그리고 그는 매도했던 아파트로 이사를 고려하며, 가격을 알아봤다. 불과 3년 만에 매도 당시의 가격에 비해 2배 가까이 올랐다. 반면, 당시 매수한 지방의 아파트는 가격 상승이 거의 없었다.

손실을 본 비용을 계산해보았다. 오피스텔 비용과 관리비 등으로 1년에 1,000만 원씩, 3년 동안 약 3,000만 원의 추가 지출이 있었다. 뿐만 아니라 매도한 아파트의 가격이 약 2배로 조정되는 동안 지방의 아파트는 가격 변동이 거의 없었다. 이로 인해 수 억 원의 잠재적 이익을 놓친 것이다. 이 이야기는 바로 나의 이야기다.

나는 집을 주거의 공간으로만 생각했다. 그러다 뜻하지 않은 부동산 상승장을 겪으며, 갑자기 가난해졌다. 정말 벼락거지라는 말이 어떤 기분인지 알 것 같았다. 돈에 대해 무지했고 부동산에 대해 공부하지 않았던 내가 너무 원망스러웠다. 내가 살던 아파트는 연식은 오래 되었지만 좋은 입지 조건을 가지고 있었다. 강남까지 지하철로 약 1시간, 서울로 출퇴근 가능했다. 바로 옆에 초등학교가 2개나 있었다. 아파트의 경우 입지가 좋다면 최소 물가 상승률을 반영해서 가격이 인상된다. 좋은 입지가 얼마나 중요한 것인지 몰랐다. 수요 공급의 법칙에 의해 입지 조건이 좋은 곳은 가격이 크게 상승될 수 있다는 사실 또한 몰랐다.

내가 사는 자본주의 세상에 대해 모르는 채로 산다는 것은, 무면허로 고속도로로 나가는 것처럼 위험한 일이다. 자본주의 사회에서 생존하려면 자본주의 사회와 돈에 대해 공부해야 한다. 특히, 부모의 경제관념과 소비 습관은 자녀에게 그대로 이어진다. 내 아이가 자본주의 사회에서 생존하길 바란다면 부모가 먼저 자본주의와 돈, 이 두 가지를 공부해야 한다.

'쉬지 않고 일하는데 나는 왜 이렇게 살기가 힘든가?'라는 말에 공감된다면, 지금 즉시 자본주의와 돈에 대해 공부하자. 무엇을 먼저 할지 막막하다면『자본주의』와『부자 아빠 가난한 아빠』두 권의 책을 읽는 것을 권한다. 경제에 대한 큰 틀을 이해한 후에 우리 가정의 수입, 지출, 투자를 각각 점검해보자.

**인생을 바꾸는 질문**

1. 자본주의 시스템의 작동 원리는 무엇인가? 내가 이해한 내용을 적어보자.

 

 

2. 물가가 오르는 원인은 무엇인가? 물가가 오르는 과정을 자세하게 적어보자.

 

 

3. 은행이 금리를 올릴 때 그것이 나에게 미치는 영향은 무엇인가?

 

 

# 부자의 삶 VS
# 부자처럼 보이는 삶

나는 번화가의 신축 오피스텔에 거주하고 있다. 오피스텔은 최소한의 살림으로 주거를 해결할 수 있는 좋은 방법이다. 최근 수도권 주택 공급 부족과 기타 원인으로 월세 임대가 늘어나고 있다. 우리 동네 20년 된 20평대 아파트의 월세가 100만 원이 훌쩍 넘는 것을 보고 깜짝 놀랐다. 선택지가 많지 않았고, 예상보다 비싼 임대료를 선택해서 계약을 할 수밖에 없었다. 내가 이사를 결정한 이유는 기존 오피스텔에서의 주차 불편 때문이었다. 오래된 오피스텔이다 보니 주차 공간이 너무 부족했다. 통로에 이중 주차를 하고 곡예 운전을 해서 주차장을 빠져나와야 했다.

새 오피스텔은 신축이라 주차장이 넓고 주차가 편리했다. 이웃들 대부분도 나처럼 주차의 편의성 때문에 이 오피스텔로 이사를 결정했다고 한다. 엘리베이터에서 만나는 이웃 주민들의 평균 연령은 20~30대가 대부분이었다. 그러나 나는 주차장의 차들을 보고 정말 놀랐다. 보기 드문 고급 수입차들이 많이 주차되어 있었다. 20~30대의 젊은 나이에 그렇게 좋은 차를 소유하고 있다는 사실에 놀랐다.

그 중 M사 모델의 한 차량이 눈에 띄었다. 같은 차종을 타는 20대 카푸어 청년의 이야기를 기사로 읽었던 기억 때문이었다. 기사 속의 청년은 사업을 하며, 2억짜리 M사 차량을 1억 중고차로 매입했다고 한다. 그러다 하던 일이 잘 안 되어 당시는 무직이라고 했다. 오피스텔 월세를 살고 있으며 차량 비용은 월 약 180만 원을 납부했다. 전형적인 카푸어족이었다. 차량 보험은 1년에 약 1,000만 원을 납부하며, 매월 차량에 270~280만 원을 지출한다고 했다. 생활비를 제외하더라도 월 350만 원이 차량과 월세 비용이었다. 좋은 차를 타는 것은 부유해보이지만, 그것이 우리를 부유하게 하지는 않는다. 그 청년이 보유한 잔고와 매월 지출을 비교해보니 1년도 버틸 수 없는 상황이었다.

수입과 지출 범위 안에서 어떤 삶을 살 것인지는 개인의 선택이다. 수입이 없는 상황에서 고정 비용의 지출이 큰 경우 그에 대한 심리적 압박이 크다. 결코 행복할 수 없는 상태이다. 그 차량을 위해 지출하고 있는 돈은 그의 소중한 시간과 바꾼 돈이었다.

나는 학원을 운영하는 7년 동안 차 없이 뚜벅이로 살았다. 직장에서 가까운 곳에 살기 때문에 차가 필요하지 않았다. 또한, 차량을 소유할 경우 불필요한 지출이 늘기 때문에 차량을 구입하지 않았다. 차 없이 다니는 나를 보며 지인들은 너무 안타까워했다. 원장들은 대부분 좋은 차를 탄다. 모임에 갔다가 길에 서서 오래 택시를 기다릴 때는 나도 민망함을 넘어 때론 부끄러움을 느꼈다. 그러나 나는 불필요한 품위 유지를 위해 돈을 낭비하고 싶지는 않았다. 그러다 2년 전쯤 차량이 필요해서 차량을 구입했다. 7년 동안 안 쓰고 허리띠를 졸라매며 자산 수입을 만들었고, 그 자산 수입으로 차를 타고 있다.

대부분 사람들은 수입이 늘어나면 그에 따라 지출을 늘리곤 한다. 그러나 수입이 늘어날 때마다 지출을 늘리는 방식으로는 부를 쌓을 수 없다. 많이 버는 것도 중요하지만 지출 관리를 현명하게 할 수 있어야 한다. 사람들은 '성공한 기분' 혹은 '부유한 기분'을 느끼고 싶어 고가의 사치품을 소비한다. 그러나 고가의 사치품을 소유하는 것은 부유함의 척도가 아니다.

『부자 아빠 가난한 아빠』의 저자 로버트 기요사키는 고가의 사치품 혹은 고급 차량 등은 자산 수입으로 지출하라고 조언한다. 자산 수입을 이용해서 안정적인 현금 흐름을 만들기까지 지출을 줄이며 저축하는 시간이 필요하다. 노동 수입으로 고가의 사치품을 지출하면, 자산 수입을 만들 수 있는 머니 트리의 씨앗을 먹어버리는 셈이다.

나는 20대 초반까지는 브랜드 옷에 관심이 많았다. 20대 후반 돈을 벌기 시작하며 30대 중반까지 아끼고 또 아끼는 삶을 살았다. 아울렛에서도 추가 할인을 하는 옷들만 구입했다. 먹고사는 문제가 해결되지 않았기에 나는 아낄 수밖에 없었다.

명품이라는 것의 존재를 알게 된 것은 대학원 때였다. 대학원 과정 중 하와이 대학에서 3학점 과목을 2주 동안 이수하는 과정이 있었다. 그 과정을 이수하기 위해 하와이에 갔다. 대학원 동기들은 부유한 집안의 출신들이 많았다. 이때 동기들을 따라 하와이에 유명하다는 아울렛에 처음 가봤다. 수많은 백화점, 아울렛, 명품 로드샵 등 관광지로 유명했던 하와이에 쇼핑할 곳이 이렇게 많다는 사실을 처음 알았다. 이런 고가의 제품들이 있다는 사실에 놀랐다. 고가의 제품들을 아무렇지도 않게 구입하는 동기들의 모습에 너무 놀랐다. 그들은 다른 세상에 사는 것 같았다. 정가 대비 50% 이상의 할인이라며 안 사면 무조건 손해라는 친구의 말에 나도 가방 두 개를 구입했다. 나는 연수 기간 동안 지출을 가능하면 하지 않을 계획으로 최소한의 수준으로 환전을 해갔다. 50% 이상 할인된 가방 두 개를 사면서 얼마나 망설이고 고민했는지 모른다. 평소 나의 1개월 생활비와 맞먹는 비용이었다.

대학원을 졸업한 후 영어 교육 전문 Y사에 취직했다. 대학원을 졸업하고 원하던 꿈을 이루었지만 삶은 달라지지 않았다. 2년 동안 직업 없이 대학원에 다니며 공부하느라 통장의 잔고가 거의 바닥이었다. 월급의 50% 이상을 저축해야 했고 허리띠를 졸라매고 살아야 했다. 물건을 살 때마다 물건 가격을 꼼꼼하게 확인해야 했다. 서른 중반의 나이에 작은 원룸에 살며, 철저하게 예산을 통제하는 삶이 너무 답답하고 초라했다.

같은 팀에 30대 초반의 신입 사원이 들어왔다. 그녀는 늘 여유가 있었고, 누구에게나 친절하고 상냥했다. 누구라도 그녀를 사랑하지 않을 수 없었다. 언제나 당당하게 망설임 없이 자신의 생각을 표현했다. 그녀는 전형적으로 자존감이 높은 사람이었다. 그녀는 부유한 부모님 아래서 부족한 것이 없이 살아왔다. 그녀가 들고 다니는 가방, 구두, 시계 등은 평범한 월급쟁이들이 월급으로 마련하기에는 벅찬 것들이었다.

그녀의 당당한 모습이 부럽고 자존감이 높은 그녀를 닮아보고 싶었다. 한편, 나의 초라한 현실을 외면하고 또 감추고 싶었다. 그래서 부유해 보이는 소비를 시작했다. 장기 할부로 고가의 가방을 구매했다. 그녀가 즐겨 신는 고가의 명품 브랜드에 가서 구두를 따라 샀다. 그러나 좋은 가방을 들어도, 구두를 신어도 나의 현실은 달라지지 않았다. 그 물건을 소유하는 순간 잠시의 행복을 느꼈다. 그러나 그 물건들이 계속해서 나를 행복하게 하지는 않았다. 오히려 형편에 맞지 않는 과도한 지출은 나의 현실을 더 힘들게 했다. 카드 값이 쌓여가면서 나는 더욱 팍팍한 현실을 살았다. F사의 고급 구두는 대중교통을 이용하는 사람에게는 맞지 않았다. 신발 바닥까지 가죽으로 되어 있었다. 콘크리트 바닥의 느낌이 발바닥에 그대로 전해졌다. 장기 무이자 할부로 구입한 그 구두는 결국 채 열 번을 신지 못하고 신발장 안에 그대로 보관되었다.

자본주의 사회는 물질 소비를 조장한다. 사치스러운 소비를 통해 나의 가치를 증명할 수 있다고 믿게 한다. 자본주의 마케팅은 점점 더 진화되고 있다. 점점 더 영리하게 소비자들의 소비 심리를 분석하고 소비자들의 마음 깊숙이 파고든다. 우리는 쇼핑에 대한 우리의 의사 결정이 이성적이라고 생각한다. 그러나 쇼핑은 철저하게 무의식적인 감정이다. 인간의 행동 대부분은 무의식에 의해 결정된다. 사람들의 감정을 자극함으로써 우리로 하여금 갖고 싶다는 욕망을 느끼게 한다. 그리고 그 욕망을 느낀 이후 그것이 필요한 이유들을 합리화한다. 일단 원하는 느낌이 들었을 때 먼저 감정에 따라 행동을 하고 그 행동의 이유를 찾는다. 즉, 감정으로 결정한 후 이성으로 합리화한다.

각각의 브랜드는 고객에게 주고 싶은 이미지가 있다. 애플을 사용한다면 당신은 스스로 세련되고 지적인 사람이라는 이미지를 가질 것이다. 테슬라를 사용한다면 미래 혁신의 아이콘이라는 느낌을 가질 것이다. 이처럼 사람들은 특정 브랜드에 대한 특정한 이미지를 가지고 있다. 그 브랜드를 통해 내가 어떤 사람인지 보여줄 수 있다고 생각한다. 브랜드의 이미지를 통해 나를 증명할 수 있다고 생각한다.

우리의 소비는 습관이며 감정에 기반한다. 소비는 무의식적인 감정이며, 특히 우리가 불안하거나 우울함을 느낄 때 더 큰 소비 욕구를 느끼게 된다. 고가의 소비를 함으로써 이 우울한 기분을 떨쳐낼 수 있을 것이라고 생각하지만 현실의 기능은 다르다. 돈을 쓰고 고가의 물건을 구입한다고 해도 낮은 자존감은 해결되지 않는다. 고가의 제품을 소비하는 것으로 자존감 문제에 대한 답을 얻을 수 없다.

30대에 자수성가한 백만장자 사업가이며 발명가인 엠제이 드마코는 『부의 추월차선』에서 진정한 부의 개념에 대해 다음과 같이 말한다. "부는 모호한 개념이 아니다. 내 인생에서 가장 행복한 순간은 진정한 부를 몸으로 느꼈을 때였다. 〈중략〉 부는 물질적 소유물이나 돈, 또는 '물건'이 아니라 3F로 이루어진다. 부의 3요소로 가족(Family, 관계), 신체(Fitness, 건강), 그리고 자유(Freedom, 선택)을 말한다. 3F가 충족될 때 진정한 부를 느낄 수 있다. 즉, 행복을 얻을 수 있다."

우리가 원하는 것은 부유해 보이는 삶이 아닌 진정한 부유함이다. 부자처럼 보이는 삶은 내가 쫓아가야 하는 힘겨운 삶이다. 부자의 삶은 진정으로 누릴 수 있는 풍요로운 삶이다. 고가의 사치품으로 자신을 증명하지 않아도 당신은 충분히 귀하고 가치 있는 존재다. 당신이 원하는 삶은 무엇인지, 당신이 이루고 싶은 삶은 무엇인지 진지하게 생각해보자.

## 인생을 바꾸는 질문

1. 내가 생각하는 진정한 부의 조건은 무엇인지 생각해보자.

---

---

2. 내가 추구하는 삶은 부자의 삶인가? 부자처럼 보이는 삶인가? 그 이유는 무엇인가?

---

---

3. 최근에 지출한 고가의 물건이 있는가? 그것은 무엇이고 구입한 이유는 무엇인가?

---

---

# 4

# 학위는 당신을 부유하게
# 하지 않는다

세상이 많이 바뀌었지만 아직 변하지 않은 믿음이 있다. 고학력이 우리에게 부와 안정을 보장한다는 것이다. 이는 아직까지도 많은 아이들과 부모들의 믿음이다. 나 역시도 대학원에서 학위를 따고 몸값을 높이면 더 찬란한 미래가 펼쳐질 것이라고 생각했다. 그러나 이제 학위만으로 고임금과 좋은 일자리를 보장받는 시대는 아니다.

20세기 동안 전통적인 학위 취득은 좋은 직업을 얻는 가장 확실한 방법이었다. 그러나 지난 100년간 지속되어온 사회적, 기술적 발전은 우리 사회의 직업의 종말을 가져왔다.

테일러 피어슨의 『직업의 종말』에서 20세기 후반 이후 사회적으로 일자리는 정점을 찍었다고 한다. 그는 다음 세 가지를 직업 종말의 이유로 꼽는다. 첫째, 통신 기술의 발달과 전 세계적인 교육 수준의 향상으로 전 세계 어디에서나 인력을 고용할 수 있다. 둘째, 기계가 사무직 종사자들의 지식 기반 일자리까지 빼앗아가고 있다. 셋째, 전통적인 대학 학위가 너무 흔해져서 예전보다 낮은 가치를 갖는다.

뿐만 아니라 기업들의 인재 채용 방식이 바뀌고 있다. 첫째, 많은 공기업과 대기업들이 블라인드 채용 방식을 선택하고 있다. 블라인드 채용이란 지원자의 학교, 전공, 성적 등을 제외하고 직무수행 능력과 역량만을 평가하는 방식이다. 둘째, 공채 대신 수시 채용이 증가하고 있다. 이전에 주요 기업들은 많은 인력을 확보한 후 회사의 부서에 적절하게 배치하는 방식으로 채용했었다. 그러나 공채 대신 수시 채용이 증가하고 있다. 수시 채용에서 가장 중요한 것은 업무 역량이다. 즉 실제 업무 능력을 판단하겠다는 것이다. 기술 발전이 너무 빠르기 때문에, 학교에서의 배움이 현장 변화의 속도를 따라가지 못하기 때문이다.


대학원을 졸업한 후 나는 영어 교육 전문 기업인 Y사에 입사했다. 30대 중반의 적지 않은 나이였다. 나는 석사를 마친 후 경력을 인정받아 대리 3년차로 입사했다.

입사 첫 해에 내가 가장 많이 했던 일은 팀 내 비용 처리 및 행정 업무였다. 업무 자체를 놓고 본다면 초대졸 신입 계약직 직원의 업무와 같았다. 석사 학위가 전혀 필요하지 않은 업무였다. 나는 그 회사에 입사하기 위해 2년 동안 모든 사생활을 포기하고, 치열하게 공부했다. 그러나 입사 첫 해에 가장 많이 했던 일은 영수증을 풀로 붙이고, 팀 내 비용을 처리하는 것이었다. 수천 만 원씩 영수증을 풀로 붙이다 보면 존재에 대한 회의감이 밀려온다.

또한 업무가 없어도 퇴근할 수 없었다. 누군가는 남아서 열심히 일하는 모습을 보여야 한다는 것이 사수 상사의 생각이었다. 싱글인 나와 회사에 충성도가 높은 팀 내 다른 두 명이 늘 당번이었다. 코미디처럼 들릴지 모르지만 더 이상 할 일이 없어서 이미 완성한 문서를 썼다 지우기를 반복한 적도 많다. 물론 이런 업무는 회사 분위기와 개인의 업무 역량에 따라 다를 것이다. 그러나 회사에서의 업무는 내가 선택할 수 없는 것이었다. 나 말고도 팀 내 대학원을 졸업한 사원 한 명이 더 있었다. 그 역시도 비슷한 처지였다.

나는 매일 조금씩 더 멍청해지는 기분이었다. 현장에서 쌓은 우수 교사로서의 경력과 대학원에서 쌓은 이론적 배경은 쓸 곳이 없었다. 입사 후 1년 동안 매일 나 자신과 싸워야 했다.

그 일에서 어떤 의미를 발견할 수 있을까? 좋아하는 일은 아니었지만 오랜 고민 끝에 일단 그 일을 제대로 해내기로 마음을 먹었다. 그리고 박수칠 때 떠날 것을 다짐했다.

회사생활 중 돈, 일, 관계 중 하나만 만족하면 다닐 수 있다는 이야기를 들은 적이 있다. 그러나 결국 일이라는 것은 그 본질적인 것을 통해 성취감을 느끼고 합당한 보상을 받아야 지속할 수 있다. 마음이 맞는 사람들과 함께할 수 있다면 감사하고 더 의미 있을 것이다. 그러나 그 자체가 회사생활을 지속하는 동기는 될 수 없다.

월급의 50% 이상을 저축했지만 작은 원룸에서 벗어날 수 있는 희망이 보이지 않았다. 회사에서 마지막 업무는 본사 직영의 학원의 원장이었다. 그곳에서 근무를 하며 내가 언제 가장 행복한지 깨닫게 되었다. 내가 좋아하는 일을 하면서, 회사생활 이상의 수입을 얻을 수 있다는 가능성을 느꼈다. 두려웠지만 나는 퇴사를 결정했고, 개인학원 오픈을 결정했다. 어렵게 들어간 회사를 퇴사한 결정적인 이유는 더 나은 미래가 보이지 않았기 때문이었다.

나의 학원을 키우기 위해 퇴근도 주말도 없이 열심히 일했다. 그러던 중 국내 명문대의 사이버 대학인 K 사이버 대학에서 겸임 교수 제안을 받았다. 나는 대학원 졸업 무렵부터 외래 교수로 강의를 하고 있었다. 학원 홍보에도 도움이 될 것 같아서 겸임 교수로 강의를 시작했다. 학원이 한참 성장하던 때라 쉽지 않았다. 잠을 줄여가며 새벽 3~4시까지 강의 준비를 했다. 대학원에 다니던 시절의 압박감은 비교도 안 되게 부담감이 컸다.

석사 출신이 겸임 교수로 강의하는 경우는 매우 드물었다. 학과장님께서는 이후 나의 이력을 생각하셔서 박사 과정을 권하셨다. 교수라는 직업은 굉장히 명예로운 일이었다. 그러나 노력 대비 수입 면에서는 학원 운영의 성과가 더 컸다. 또, 학원 운영을 하며, 겸임 교수 강의, 박사 과정 이 세 가지를 한다는 것은 절대 쉽게 결정할 수 있는 일이 아니었다.

그 과정 중에 나는 과로와 스트레스로 건강을 잃기도 했다. 박사 과정을 위한 예상 비용도 만만치 않았다. 욕심대로 결정했다가 모든 것을 한 번에 잃을 수도 있었다.


이때 나의 머릿속에 떠오르던 한 사람이 있었다. 박사 학위를 가진 학원장이었다. 그녀는 Y사 가맹 원장 중 한 명이었다. 박사 학위를 가지고 있었고 대학에서 강의를 하고 있었다. 그렇지만 자신의 학원 운영에는 어려움을 겪어서 컨설팅을 받으러 왔었다. 당연한 이야기지만, 박사 학위와 돈 버는 일이 직접 연관된 일은 아니라는 생각이 들었다.

그리고 내가 알고 있는 지인 학원장들이 떠올랐다. 명문대 출신은 아니지만 그들은 누구보다 학원을 성공적으로 운영하고 돈을 잘 벌었다. 결국 학위가 아닌, 학교에서 배운 적 없는 운영 능력이 더 중요했다. 나 역시도 교수 이력 때문에 등록한 학생은 단 한 명도 없었다.

사람들은 언젠가 더 많은 돈을 벌 것이라는 막연한 생각으로 석사, 박사 학위를 취득한다. 그러나 학위가 돈을 보장하지는 않는다. 나는 그 사실을 대학원을 졸업한 후에야 알게 되었다. 나는 그 해를 마지막으로 겸임 교수를 내려놓고 학원 운영에 더욱 집중을 했다.

높은 학식이나 훌륭한 기술을 가지고 있지만 돈을 벌지 못하는 사람들이 있다. 반대로 공부는 잘하지 못했지만 자신만의 강점으로 큰돈을 벌고 있는 사람도 있다.

학위를 딴 후 취직한다면 약간의 월급 인상은 기대할 수 있을 것이다. 그러나 공부와 돈을 버는 것은 별개의 일이다. 돈을 벌기 위해서는 배움으로 돈을 바꿀 수 있는 기술과 돈에 대한 공부가 필요하다. 그리고 사람에 대한 이해가 필요하다.


내가 즐겨보는 재테크 커뮤니티에 한 부부의 사연이 올라왔다. 그 부부는 전형적인 고학력자 부부였다. 그들은 우리나라 최고의 대학을 졸업했다. 넉넉하지 않은 형편이기에 학자금 대출을 받아가며 공부를 했고 남편은 아직 박사 과정을 하는 중이었다. 아내의 외벌이로 살아가고 있는 형편인데 집에 대한 고민을 의뢰하는 상황이었다. 그 이야기 중 열심히 공부를 했지만, 어디에서도 돈에 대해 배울 수 없었다고 호소하는데 너무 마음이 아팠다.

아직도 많은 아이들과 부모들이 공부만 열심히 하면 모든 일이 다 해결된다고 믿고 있다. 그리고 지금도 학자금 대출을 받아가며 학위를 따는 데 비용, 시간을 쓰는 젊은이들이 얼마나 많은가? 그들이 쓴 비용과 시간을 그대로 돌려받는다는 보장은 없다. 그럼에도 불구하고 아직 사람들이 취업을 목표로 학위를 따는 데 여념이 없다.


로버트 기요사키의 『부자 아빠 가난한 아빠』에 의하면 학위나 기술을 가지고 있지만 형편없는 돈을 버는 사람들이 있다고 한다. 그들은 세일즈 능력의 부족으로 돈을 벌지 못한다고 했다. 아무리 똑똑한 사람도 그것을 알리고 판매하지 못한다면 돈을 벌 수 없다.

의사, 변호사처럼 전문직 종사자라고 할지라도 그 사람이 돈을 버는 것은 그의 영업력이다. 의사소통 능력과 세일즈 스킬만 있다면 학위와 상관없이 당신은 부유하게 살 수 있다.

왜 같은 배움을 통해 누군가는 돈을 벌고 누구는 돈을 벌지 못하는 것일까? 돈을 벌지 못하는 것은 알지 못하고, 놓치고 있는 것들 때문이다. 열심히 공부를 했지만 나는 학위로 돈을 버는 것은 아니라는 사실을 알지 못했다. 대학원 과정은 배움을 얻을 수 있는 귀한 시간이었다. 그러나 시간을 되돌린다면 회사에 취직하기 위해 대학원에 가지는 않았을 것이다.

사실, 자영업을 하면서 내가 돈을 벌 수 있던 것은 학교에서의 배움 때문이 아니다. 많은 사람들을 만나며 상담을 통해 그들의 문제를 해결했기 때문이다. 아이들이 좋은 학습 습관을 가지고 좋은 성적을 얻을 수 있도록 도왔다. 영어 실력 향상과 원하는 성적을 얻도록 도왔다. 또한, 사춘기를 심하게 겪는 아이들과 소통하고, 어머니들의 마음을 달래주었다.
그리고 이 모든 과정은 나의 서비스를 판매한 이후에 일어났다. 즉, 누군가의 마음을 얻고, 문제를 해결하고, 그 전에 판매가 일어나야만 돈을 벌 수 있는 것이다.

세상을 살아가는 데 더 중요한 교실 밖 배움이 있다. 나에 대한 이해와 타인에 대한 이해가 있어야만 돈을 벌 수 있다. 사람의 마음을 직접 간접적으로 이해하기 위해서는 책을 읽으며 경험치를 늘려야 한다. 그러나 이 시대의 많은 부모들과 아이들 대부분 책을 읽을 시간이 없다고 말한다.
그러나 공부의 끝점은 무엇인가? 잘 살기 위한 것이 아닌가? 독서란 단순히 지식을 흡수하는 행위가 아니다. 사람의 마음을 이해하고 빠르게 변화하는 세상을 이해하기 위한 최소한의 생존 조건이다. 우리는 잘 살기 위해, 아니 살기 위해 책을 읽어야 한다.

## 인생을 바꾸는 질문

1. 더 이상 전통적인 학위가 고소득을 보장하지 않는 이유는 무엇인지 생각해보자.

_____

_____

2. 학위나 좋은 기술을 가지고 있지만 돈을 벌지 못하는 사람이 있다. 그 이유는 무엇일까?

_____

_____

3. 나는 나의 가치를 높이기 위해 어떤 노력을 하는가?

_____

_____

# 위험한 길 VS
# 위험해 보이는 길

'위험'이란 해로움이나 손실이 생길 우려가 있거나 그런 상태를 의미한다. '안전'이란 위험이 생기거나 사고가 날 염려가 없거나 그런 상태를 뜻한다.

인간의 뇌는 본능적으로 위험에 대해 자주 경고등을 켠다. 원시 시대에는 위험이 생존과 직접 관련된 것들이었기 때문에 그런 경고가 필요했다. 그러나 문제는 더 이상 그런 생존의 위협이 없는 오늘날까지 우리의 뇌는 원시 시대의 본능에 충실하다는 것이다.

나는 아이들을 가르치던 시절 '과연 몇 살까지 이 일을 할 수 있을까?'

를 고민했다. 프리랜서 급여 체계로 노력만큼 성과를 얻을 수 있었다. 반면 이것은 수입이 일정하지 않은 리스크가 될 수도 있었다. 회사에 입사하면 더 안전하지 않을까? 나 역시 '안전 본능'을 따랐다.

안정적인 직장을 원해서 나 역시도 Y사의 본사에 입사했었다. 그곳에서 근무한 지 얼마 안 되어서 내가 꿈꾸던 회사생활은 모두 허상이라는 것을 알게 되었다. 대부분의 사람들은 직장 생활로는 부자로 살지 못했다. 회사의 결정에 따라 언제라도 내 자리가 없어지거나 원하지 않는 부서로 배치가 될 수도 있었다. 업무 성과를 내지 못할 경우 더 빨리 퇴사를 하게 될 수도 있다. 상사와 인재팀의 판단과 결정에 운명을 맡겨야 하는 것이 바로 직장인의 삶이었다. 회사생활은 매우 안전해 보였으나 실제로 안전하지 않았다.


명문대를 졸업하고 공기업, 대기업 입사, 혹은 공무원이 되는 것은 많은 아이들의 성공 로드맵이다. 그 안에 실제 속해 있는 사람들은 과연 어떻게 생각할까?

얼마 전 나는 재테크 교육을 위해 모 부동산 커뮤니티에서 교육을 받았다. 당시 많은 사람들과 함께 교육을 받았다. 그들 중 대부분은 이미 좋은 직장에 다니고 있었다. 그러나 대기업, 공기업, 혹은 공무원이라 해도 월급만으로 충분하다고 생각하는 사람은 없었다.

또한 급여소득 인상분에 비해 자산소득 인상이 크고 빠르기 때문에 급여 소득으로는 자산소득 증가를 따라 잡을 수 없었다. 안정적인 직장이라 해도 노후를 위해 직장만 믿고 있을 수는 없었다. 은퇴 후 노후를 대비하기 위한 무언가가 필요했다. 수입이 높으면 중산층의 라이프 스타일을 살고 있기 때문에 오히려 돈을 모으기가 어렵다고 했다.

놀랍게도 안전하고 안정적인 생활일수록 오히려 더 위험하다고 했다. 안정적으로 장기간 근무한 경우 직장 밖으로 나오면 오히려 할 수 있는 일이 없다고 했다. 대기업 직원 중 상사의 갑작스러운 해고를 목격하고 조용히 퇴사를 준비하게 되었다는 이야기도 들었다.

안전해 보이는 것이 가장 위험하다. 위험해 보이는 것이 오히려 안전하다. 변동성을 겪으며 단단해지기 때문이다. 퇴사를 결정한 순간 그 길은 위험해 보였다. 자영업자의 삶은 예측 불허이며 변동성의 연속이다. 그 시간 동안 나는 오히려 단단해질 수 있었다.


우리는 안전한 길을 원한다. 물건을 구입할 때도, 맛집을 고를 때도 블로그, 영수증 후기를 검색한다. 성공하지 못할지라도 적어도 실패는 피하고 싶다. 안전한 선택을 하고 싶다.

반면, 많은 사람들이 가지 않는 길을 선택하는 사람들이 있다. 평범하지 않은 방법으로 남들과 다른 성공을 만들어낸다. 예전에는 유형의 상품으로만 돈을 벌 수 있었다. 그러나 이제는 타인의 지식과 경험 등 무형의 상품에 비용을 지불하는 세상이다. 자신의 경험, 지식 등, 특히 자신의 메시지를 세상과 나눔으로써 돈을 버는 사람들을 '메신저'라고 한다. 브렌든 버처드의 『백만장자 메신저』에 메신저에 대한 개념이 처음으로 소개된다. "메신저란 간단히 말해 다른 사람들에게 조언과 지식을 제공하고 대가를 받는 사람들이다. 좋은 부모가 되는 법, 사업을 시작하는 법, 직장에서 성공하는 법 등 다양한 주제에 대해 실천적인 조언을 해준다." 이들은 자신의 경험과 지식을 이용해 사람들에게 영감을 주며 교육 상품을 판매한다. 인터넷 덕분에 멀리 있는 고객들과 연결될 수 있기 때문에 얼마든지 고객 확보가 가능하다. 시간, 장소에 구애 없이 일할 수 있다.

〈한책협〉의 김태광 대표는 작가를 꿈꾸던 평범한 20대 청년이었다. 수백 권의 책을 쓰고 출판사에 투고하며 500번 이상의 거절을 받으면서도 그는 자신의 꿈을 포기하지 않았다. 그는 결국 자신의 꿈을 이루었다. 그는 자신이 책 쓰기를 하면서 얻은 지식, 경험을 나눠주기 위해 〈한책협〉을 설립했다. 〈한책협〉을 운영하며 무려 1,100명이 넘는 평범한 사람들을 작가로 성장시키는 기적과 같은 일을 이루어냈다. 이름만 들으면 알 수 있는 많은 유명 작가들이 〈한책협〉을 만나서 작가가 되었다. 김태광 대표는 전문대를 졸업한 평범한 사람이었다. 그런 그가 수많은 사람을 작가로 성공시키는 과정을 통해 많은 사람들을 돕고, 200억의 부를 이룬 자산가가 되었다. 그가 만일 여전히 신문사에 근무를 했고, 100만 원이 채 안 되는 월급을 받으며 주어진 일을 하고 있었다면 이렇게 큰 성공을 이룰 수 없었을 것이다.

나는 또 한 명의 메신저 사업가를 알고 있다. PCM 경제경영연구소를 운영하는 아이스 강 대표이다. 나와 나의 여동생은 수년간 학원을 운영하던 학원장이다. 우리는 코로나로 학원 운영에 어려움을 겪던 시절 돌파구를 찾기 위해 교육을 찾았다. 그리고 경제 인문학 교육을 수강하기 위해 그를 만났다. 그는 경제 전반의 개념과, 세일즈 현장에서 매출에 직접 도움이 되는 교육을 한다. 또한 사람의 심리에 대해 다루는 인문학 교육도 함께 한다. 나는 아이스 강 대표의 코칭을 받으며 경제 전반에 걸친 이해도를 높여갔다. 내가 무엇을 놓치고 살았는지 깨닫게 되었다. 그리고 놓치고 살았던 귀한 배움을 아이들에게 알려주고 싶었다.

나는 내가 교육에서 얻은 배움을 아이들, 학부모들과 나누고 있다. 먼저, 아이들의 독서와 경제 교육을 위해 'CF Care'라는 중등부 독서 모임을 진행했다. 그러나 아이들의 생각이 바뀌기 위해서는 먼저 부모의 생각이 바뀌어야 했다. 그 무렵 나의 동생인 주하영 원장의 제안으로 우리는 학부모 독서 모임인 'MF Care'를 시작하게 되었다.

우리의 첫 책은『자본주의』,『부자 아빠 가난한 아빠』였다. 책을 통해 우리가 모르던 자본주의 세상에 대해 알게 되고 모두 엄청난 충격에 빠졌다. 그리고『부자 아빠 가난한 아빠』를 읽은 후에는 더 큰 혼란에 빠졌다.『부자 아빠』의 저자인 로버트 기요사키에게는 두 분의 아버지가 있다. 학교 교육을 많이 받은, 공무원으로 일하신 가난한 아빠와 학교 교육을 많이 받지 않았지만 많은 돈을 벌었던, 친구의 아버지인 부자 아빠 두 분이 있었다. 로버트는 두 분의 아버지를 통해 다른 가르침을 얻었다. 교육을 많이 받은 자신의 진짜 아버지는 학위를 취득하고 좋은 직업을 얻으라고 조언하셨다. 그러나 교육을 많이 받지 못했던 부자 아빠는 대학 교육이 전부가 아니라 자신의 사업을 하고 돈에 대해 공부해야 한다고 하셨다. 그는 우리의 상식을 뒤집는 다양한 주장을 한다.

공부를 위해 보낸 학원에서 '명문대, 대기업이 전부가 아니며 돈에 대해 배워야 한다'고 하니 'MF Care'에 참여한 어머니들 모두가 혼란스러워했다. 학원은 대학 진학을 하는 데 필요한 공부를 가르치는 곳이다. 그런데 자칫 우리의 직업을 위험에 빠뜨릴 수 있는 생각이 담긴 책을 함께 읽으니 어머니들과 아이들 모두 혼란스러워했다. 그렇다면 공부를 하지 않아도 된다는 것인가? 대학은 가지 않아도 괜찮은 것인가? 사실, 모든 것은 선택이다. 그리고 대학을 진학하는 방법도 인문계 고등학교를 졸업한 후 바로 대학을 진학하는 방법만 있는 것은 아니다. 관련 고등학교에 입학해서 전문 분야의 지식을 쌓은 후 대학에 가거나, 먼저 관련 분야에서 일을 해본 후 대학에 입학하는 방법도 있다.

사회 곳곳에서는 여전히 학위를 원한다. 많은 아이들이 대학은 가고 싶지만 '공부는 하기 싫다'고 한다. 공부를 잘하는 대부분의 아이들조차도 같은 생각이다. 이것은 주객이 전도된 생각이다. 공부의 목적은 '인간답게 살기 위함'이다. 대학은 선택이지만, 공부는 필수다.

나와 동생은 가난한 20대를 보냈고, 책을 읽고 공부를 하며 우리의 인생을 바꿨다. 독서가 한 사람의 인생을 얼마나 극적으로 바꿀 수 있는지 우리의 삶을 통해 경험으로 배웠다. 꾸준하게 공부하고 독서하며 우리는 각자 전문가로 인정받고, 경제적 안정 또한 이루었다.

'MF Care' 공동 리더인 주하영 원장은 『내 아이만큼은 나와 다른 삶을 살기를 바란다』라는 책을 내기도 한 작가다. 우리는 현장에서 아이들과 학부모들을 만나며 그들의 고민과 함께했다. 우리의 정체성은 그들을 돕고, 그들의 문제를 해결하는 것이다. 아이들과 함께한 지 벌써 20년의 시간이 되었다. 『부자 아빠 가난한 아빠』의 서문에는 '20년이 지나도 변하지 않는 것들'이라는 주제로 20주년 서문을 시작한다. 우리도 같은 기분을 느낀다. '20년이 지나도 변하지 않는 것들'이 학부모들의 고민이다. 세상은 바뀌었고, 시대도 변했지만 부모들의 고민은 늘 한결같다. 우리는 아이들이 산업사회와 자본주의 세상의 희생양이 되지 않도록, 좋은 선택을 하도록 도울 뿐이다. 그것이 우리가 'MF Care'를 시작한 이유였다.

『진작 이렇게 책을 읽었더라면』의 장경철 작가는 '독서의 목적과 성장을 돕는 독서법'을 그의 책에 안내하고 있다. 그 책에는 배움의 4단계가 소개되어 있다. 1단계가 '무지의 무지' 단계다. 즉, '무엇을 모르고 있는지조차 모르는 상태'로 사는 것이다. 무엇을 모르는지조차 모르기 때문에 배워야 한다는 필요를 느끼지 못하는 상태다. 2단계는 '무지의 인지' 단계다. 즉, 모르는 것을 알게 되는 단계다. 3단계는 '의식적인 앎'의 단계다. 자기가 어떤 것을 아는지 의식적으로 알지만, 그 지식이 아직은 머리에 머무는 단계다. 알고 있는 것이 손과 발로 아직 실행되지는 않는다. 4단계는 '무의식적인 앎'의 단계다. 의식적으로 노력하지 않아도 그 알고 있는 것이 이미 몸에 익숙해진 상태다.

'나 자신이 모르는 것이 있다'는 사실을 깨닫는 것이 배움의 시작이다. 혼자의 생각으로는 달라지지 않는다. 무엇을 모르는지 알기 위해 다양한 책을 읽고 내가 놓치고 있는 것은 무엇인지 발견할 수 있어야 한다.

## 인생을 바꾸는 질문

---

1. 위험한 길과 위험해 보이는 길은 무엇인지 나의 생각을 적어보자.

_____

_____

2. 그동안 내가 생각했던 안전한 길은 어떤 것이 있었는지 생각해보자.

_____

_____

3. 그동안 삶에서 내가 놓쳤던 것은 무엇인지 생각해보자.

_____

_____

_____

# 6

# 엄마의 돈 공부는 선택이 아닌
# 필수이다

　어린 시절의 경험과 교육이 정말 훗날 경제적 성공에 영향이 있는 것
일까? 자녀들은 돈에 대한 경제개념뿐만 아니라 소비 습관마저 부모
를 그대로 닮게 된다고 한다. 『이웃집 백만장자 변하지 않는 부의 법칙』
의 저자인 토마스 스탠리 박사는 사람들이 어떻게 자력으로 경제적 성공
을 이루는지 연구하는 데 그의 평생을 바쳤다. 돈에 대한 관점과 믿음은
한 사람의 경험과 배움에 근거해서 만들어지는 것이다. 대부분 어린 시
절 부모의 생각과 관점이 한 사람의 경제관념에 주요하게 영향을 미친
다. 토마스 스탠리 박사에 따르면 어린 시절의 경험이 그 사람의 재무 습

관을 만든다고 한다. 성인 자녀들이 만일 과소비를 한다면 그 이유는 부모가 과소비를 했기 때문이라고 한다. "과소비 하는 부모들이 키운 자녀들은 과소비 하는 경향이 있다. 이 부모들은 자녀를 생산적인 성인으로 키우지 못했다. 설상가상으로 부모가 (소득만 높지) 큰 재산도 없으면서 과소비를 하며 부유하다는 신호를 보내는 경우도 많다. 거액의 상속 재산이나 신탁 재산이 있는 행운아가 아니라면 재산을 모을 유일한 방법은 버는 것보다 적게 쓰는 것이다. 그러려면 절제와 계산이 필요하다. 자기 힘으로 부를 쌓은 사람에게 절약은 필요조건이다."

소비는 철저하게 사고방식에 기반한 습관이다. 습관은 반복적인 행동을 통해 만들어진다. 자녀들은 부모들의 소비 습관을 닮으며, 부모의 가장 나쁜 태도는 큰 재산이 없으면서 과소비를 하는 경우라고 한다. 자녀들은 가정의 경제 상황에 대해 제대로 알지 못하며 자신의 부모가 부유하다고 착각하게 된다. 부라는 것은 많이 버는 것뿐만 아니라 지출 관리를 잘 할 때 유지된다. 자녀들은 부모가 들려준 말보다 부모의 행동이 더 기억에 남는다고 했다.

아이들이 성인이 되는 순간까지 가장 많은 영향을 받는 사람은 부모님들이다. 부모님들께서 보여주셨던 삶의 모습을 통해 가장 많이 배운다. 아이들과 소통하다 보면 부모님의 생각이 아이들에게 지배적으로 영향을 준다는 것을 알 수 있다.

나의 생각들과 경제관념들 역시 부모님으로부터 얻게 된 것이었다. 나의 어머니와 아버지 두 분께서는 돈에 대해 다른 가치관을 갖고 계셨다. 어머니께서는 "직장 생활로는 평생 부자가 될 수 없다!"고 말씀 하셨다. 아버지께서는 70세가 넘도록 직장 생활을 하셨고, 안정적인 직장 생활을 최고라고 생각하셨다. 두 분께서는 경제 가치관뿐만 아니라 삶에 대한 가치관도 달랐다. 그래서 오래도록 별거를 하셨고 결국 내가 성인이 된 이후 이혼을 하셨다.

어머니는 자영업을 오래 하셨기 때문에 새로운 일에 두려움이 없으셨다. 또한, 많이 벌고 많이 쓰는 것에 대한 두려움도 없으셨다. 반면 아버지께서는 안정적인 것을 최고라고 생각하셨다. 또한, 빚을 지는 것에 대한 두려움으로 평생 돈을 모으기만 하셨다. 투자라고는 딱 주식 투자 하나만을 하셨다. 이 또한 안전한 우량주에만 투자를 하셨다. 아버지께서는 고소득을 올릴 수 있는 전문 기술을 갖고 계셨다. 그러나 사업에 대한 두려움으로 평생 직장 생활을 하셨다. 또한, 높은 급여를 받으셨지만 안전한 저축만을 하셨다. 평생 안전한 방식으로만 돈을 모으셨다. 대출에 대한 두려움으로 여력이 되었지만 내 집 마련도 하지 않으셨다.

나 역시도 삶을 돌아보니, 나의 믿음, 생각의 대부분은 부모님으로부터 배운 것이라는 것을 알게 되었다. 나의 생각 중 일부는 어머니로부터,

일부는 아버지로부터 배운 것이다.

직장 생활로는 큰돈을 벌 수 없다는 어머니의 생각 덕분에 나는 자영업자가 될 수 있었다. 나의 지인 중 한 명은 나의 영향으로 자영업을 시작하게 되었다. 그의 집안은 전형적인 공무원 집안이다. 자녀들 모두가 고위 공무원 혹은 금융권에 종사하고 있었다. 부모님들도 고위 공무원으로 직장 생활을 하는 방식으로 재산을 모으셨다. 평생 보고 자란 모습이 직장 생활을 하는 부모님의 모습이었기에 자영업을 한다는 생각은 못 해 봤다고 한다. 그러다 자영업을 하는 내가 경제적으로 빠르게 성장하는 모습을 보며 그도 영향을 받았다고 했다. 똑같은 능력을 가지고 있을 때 취업 혹은 사업을 선택하는 것은 부모의 영향이 크다는 것을 알게 되었다. 똑같은 전문직 의사나 변호사라 할지라도 고용되어 일하는 것과 자신의 사업을 하는 것은 수입과 일의 규모 면에서 전혀 다른 일이다.

어머니께서 반드시 내 집 마련은 해야 한다고 조언을 주셔서 내 집 마련을 했다. 그러나 돈을 버는 방식에 있어서는 두 분 부모님께 배운 대로 나의 시간과 돈을 교환하는 방식만을 생각했다. 땀 흘려서 버는 돈만이 정직한 돈이라고 생각했다. 더 많이 일하고 열심히 수입을 높이는 데만 집중했다. 투자는 위험한 것이라고 생각했고, 저축이나 연금 등으로 안전하게 모으는 것이 최고라고 생각했다. 적극적인 투자자가 되는 일에는 두려움을 느꼈다.

나의 여동생도 누구보다 열심히 일했고, 많은 돈을 벌었다. 다람쥐가 도토리를 모으듯이 그녀도 차곡차곡 저축과 연금으로만 돈을 모았다. 우리의 삶은 다람쥐 쳇바퀴를 돌 듯, 더 많은 돈을 벌기 위해 더 많이 일하는 방식이었다. 많이 벌수록 많이 일했기에 우리는 건강을 잃기도 했다. 아버지께 배운 대로 안전이 최고라고 생각하고 그녀도 열심히 저축을 했다. 그리고 커피값, 물값을 아껴가며 9년 동안 현금으로 상당히 많은 재산을 모았다.

우리는 함께 경제 교육을 받으며 놀라운 사실을 알게 되었다. 인플레이션으로 돈을 모으기만 하는 것은 곧 돈을 잃는다는 것이었다. 우리들 중 누구도 적극적인 투자를 생각하지 못했다. 투자라는 것은 일정 수준의 리스크를 감당해야 한다. 그러나 잃을지 모른다는 두려움이 우리를 도토리 모으는 다람쥐처럼 '저축자'로 만들었다.


돈을 버는 것과 지키는 것, 그리고 재산을 늘려가는 것은 모두가 다른 이야기다. 많은 사람들이 부자가 되기 위해서는 아껴 쓰고 많이 모아야 한다고 생각한다. 그러나 수입 자체가 적다면 아껴 쓰는 것만으로는 한계가 있다. 가장 중요한 것은 우선 많이 버는 것이다. 그리고 돈을 벌었다면 지출 관리를 현명하게 하면서 모을 수 있어야 한다. 가장 중요한 것은 돈을 잃지 않으며, 재산을 키워갈 수 있어야 한다. 물가가 5~6%씩 오르는 동안 현금을 통장에 보관만 하고 있다면, 1년에 6%씩 손해를 보는 셈이다. 지금 100만 원으로 살 수 있던 것들을 1년 후, 2년 후에는 살 수 없게 된다. 그러니 현금을 은행에 보유하고 있는 일은 물가 인상률만큼 돈의 가치를 잃는 것이다.

나와 나의 여동생은 열심히 살았고 많은 돈을 벌었지만 돈에 대해 가장 중요한 것을 놓쳤다. 나는 잘못된 의사 결정으로 부동산 상승장에 큰 잠재 수익 실현의 기회를 놓쳤을 뿐만 아니라 불필요한 수천 만 원의 추가 지출이 발생했다. 나의 여동생은 열심히 벌었지만 투자를 통해 더 큰 이익을 만들 수 있는 기회를 놓쳤다. 그 외에 저축자로 살며 과도하게 가입한 연금과 보험을 정리하는 과정에서 역시 수천만 원의 손실을 감당해야 했다. 이 모든 일들이 돈에 대해 제대로 공부하지 않고 내린 의사 결정들의 결과였다.


『부자 습관 가난한 습관』에서 톰 폴리와 마이클 야드니는 투자의 5단계를 다음과 같이 설명한다. 0단계 낭비자, 1단계 저축자, 2단계 소극적 투자자, 3단계 적극적 투자자, 4단계 전문 투자자. 낭비자를 제외한 대다수가 저축자의 범주에 포함된다. "그들의 주요 투자처는 집이며 목표는 몇 년에 걸쳐 주택 담보 대출을 갚아나가는 것이다. 간혹 그들은 세금을 지급한 후 남은 돈을 모아두며 조금씩 저축을 한다. 하지만 보통 나중에 쓰려고 돈을 모으는 것이지 투자를 위한 저축은 하지 않는다." 저축자들은 재정적 문제를 두려워하며 보통 위험을 감수하지 않으려고 한다고 한다. 이 저자들은 저축자들을 '금융 문맹'이라고 불렀다. 저축자들은 그들의 조부모와 부모들이 하던 방식으로 저축만을 하며, 대출이 없는 상태로 집을 소유한다 해도 이들은 부자가 될 수 없다고 했다. 이들은 먼저 자기 자신에게 투자하고, 재정 교육을 받으며 금융 IQ를 높이는 것이 필요하다. 그리고 투자의 여정을 함께할 인적 네트워크를 구축하기 시작함으로써 '금융 문맹'의 상태에서 벗어나야 한다. 그리고 비로소 2단계 '소극적 투자자'를 거쳐 3단계 '적극적 투자자'까지는 반드시 나아가야 한다. 적극적인 투자를 통해 자산 구축을 하고, 현금 흐름을 만드는 단계로 성장해야 할 것이다.

엄마의 돈 공부는 왜 필요한 것일까? 아직도 많은 사람들은 열심히 살면 저절로 부는 따라온다고 생각하고 자녀들에게 가르친다. 그러나 '저축자'로는 절대 부자가 될 수 없다. 부는 얻고, 지키고자 하는 사람에게만 함께한다. 돈에 대해 알지 못하면 스스로 지킬 수 없다.

첫째, 돈은 우리에게 진정한 자유를 준다. 원하는 일을 선택할 수 있고, 원하지 않는 일은 하지 않을 수 있는 자유를 준다. 가난한 사람들과 중산층은 돈을 위해 일하지만 부자들은 시간을 얻기 위해 돈을 쓴다. 시간은 돈이 우리에게 줄 수 있는 가장 중요한 가치이다.

둘째, 돈은 더 많은 선택지를 준다. 아이들에게도 더 많은 선택지를 줄 수 있다. 물질을 소유하는 데도 경험을 얻는 데도 비용이 발생한다. 더 많은 선택의 자유를 위해 돈이 필요하다.

셋째, 아이들은 부모들의 삶을 통해 가장 많이 배운다. 한 사람의 소비는 철저하게 그 사람의 살아온 과정 중 만들어진 정체성이다. 내 아이는 나의 모든 행동을 그대로 보고 배운다. 많은 재산을 물려줄 수 있지만 돈을 관리하는 훈련이 되어 있지 않다면 쉽게 잃을 수 있다. 특히, 소비는 철저하게 습관이다. 아이들에게 좋은 소비 습관을 만들어주기 위해서는 부모가 먼저 돈에 대해 공부하고 현명한 소비 습관을 만들어야 한다.

돈에 대한 관점과 태도는 성장 과정을 통해 만들어진다. 아직도 많은 아이들이 저축을 하는 것이 가장 좋은 재테크라고 생각한다. 좋은 직장에 취직해서 열심히 모으는 것만이 정답이라고 생각한다. 아이는 부모를 통해 경험한 세상만을 이룰 수 있는 세상이라고 믿는다.

내 아이가 현명한 부자로 살기를 원한다면 부모가 돈에 대해 제대로 공부하고 금융 문맹에서 벗어나야 한다. 내 아이는 부모의 생각과 삶을 그대로 배우고 닮기 때문이다.

## 인생을 바꾸는 질문

1. 내가 돈에 대해 공부해야 하는 이유는 무엇인지 나만의 이유를 생각해보자.

_____

_____

2. 투자의 5단계 중 나는 어디에 속하는가? 그 이유를 생각해보자.

_____

_____

3. 만일 20대로 돌아간다면, 더 나은 경제 상황을 위해 나는 무엇을 할 것인가?

_____

_____

3장

부자 엄마는 자신에게
먼저 투자한다

# 부모의 생각이 아이의
# 삶을 결정한다

수학여행 전교생 600명 중 홀로 교복 미착용. 수학여행 후 미팅 장면 적발. 반에서 꼴등. 학교 내 모든 선생님들에게 문제 학생으로 찍힘. 고등학교 자퇴 예정.

이 아이 이야기를 듣고 어떤 생각이 드는가? 저런 아이를 둔 부모의 심정은 어떨지 내가 다 안타까울 것이다. 남의 자식에게 할 말은 아니지만 참 애물단지 같은 존재일 것이다.

이 애물단지 아이는 고등학교 1~2학년 때까지 나의 이야기다.

인생은 참 뜻대로 되지 않는다. 중학교 때까지 비교적 상위권을 유지했으나 고등학교 진학 이후 아무리 애를 써도 성적이 나오지 않았다. 나는 수학여행을 얼마 앞두고 친구들과 사복을 입기로 결의를 한다. 나는 지방에 어머니를 만나기 위해 친구들과 먼저 헤어졌다. 내가 나선 후 친구들은 첫날부터 찍히면 곤란할 것 같다고 계획을 바꾼다. 휴대폰이 없던 시절이라 나에게 연락할 방법이 없었다. 전교생 600명 중에 수학여행 기간 중 사복 착용을 한 학생은 나 한 명뿐이었다.

고등학교 때까지 나는 짧은 스포츠머리에 남학생 같은 외모였다. 다만, 나의 친구들은 학교에서 잘 알려진 예쁜 아이들이었다. 다른 학교 남학생들이 끝나고 만나자고 했고 나는 함께 동행했다. 수학여행 후 몇몇 다른 아이들도 비슷한 미팅을 했지만, 나의 사복이 눈에 띄어 나와 친구들이 선생님들께 발견이 되었다. 그 후로 학교생활은 정말 지옥이었다.

나는 고등학교 때 자퇴를 결심하고 아버지와 이 내용을 상의했다. 아버지는 눈물을 보이며 학교를 졸업해야 한다고 말씀하셨다. 배우지 못해서 아버지께서 겪은 서러움을 이야기하시며 반드시 고등학교 졸업만큼은 하기를 바라셨다. 아버지의 눈물을 처음 봤다. 부모님들께서는 각자의 자리에서 최선을 다해주셨지만, 누구와도 마음을 나눌 수 없어 사춘기를 나 홀로 겪어가던 나는 하루하루를 정말 버티듯이 살았다.

고등학교 2학년 말. 나는 전학을 결정했다. 공부보다 정서적 안정이 우선이라고 생각해서 어머니와 함께 살기로 결정했다. 그리고 전학 후 첫 번째 모의고사에서 나는 반에서 1등을 했다. 그 후로 공부를 열심히 하고 모범생으로 살았다면 좋았겠다. 그러나 나는 고3 때 가장 열심히 놀았다. 야간자율학습 시간에 나가 놀다가 다쳐서 병원에 입원을 하기도 하고, 나는 그 후로도 골칫덩이였다. 어머니께서는 한 번도 공부하라는 말씀을 하지 않으셨다. 지방대를 졸업하고 취업을 못 하고 2년 가까운 시간을 백수로 놀 때도 어머니는 단 한 번도 잔소리를 하지 않으셨다. 그러다 20대 중반이 되어 영어를 만나고 나는 다른 삶을 살기 시작했다.

내가 원하는 목표가 생기니 스스로 공부하기 시작했다. 아이들을 가르치는 일을 하며 책을 읽기 시작했다. 그리고 내가 원하는 대로 인생을 바꿀 수 있다는 사실을 책을 보며 배웠다. 4년제 지방대에 겨우 입학했던 내가 영어 교육 전문대학원에 2년 장학금을 받으며 입학했다. 원하던 회사에 입사하게 되었다. 게다가, 지방대 출신, 석사 학위를 가지고 우리나라 명문대인 K대의 사이버 대학의 겸임 교수로 대학교에서 강의를 했다. 물론 이 모든 과정에는 늘 운이 함께했다.

세상에 구제불능 골칫덩이는 없다. 인생의 뚜렷한 목적 없이 살던 나는 20대 후반부터 인생을 바꾸기 시작했다. 삶에서 내가 원하는 것들은 직업적 커리어나, 경제적인 목표나 모두 이루며 살았다. 이 과정에서 가장 크게 힘이 된 것은 어머니의 나에 대한 믿음이었다. 놀랍도록 인생을 바꾼 사람들 뒤에는 항상 그 사람을 믿어준 어머니가 있다. 내가 나를 믿지 못하던 순간에도 어머니께서는 나에 대한 믿음이 있으셨다.

나의 둘째 여동생에게는 고등학생 아들이 있다. 나의 조카는 자신의 관심 분야가 명확하며 공부에는 크게 뜻이 없다. 나의 여동생은 공부를 강요하는 대신, 아이가 자유롭게 세상을 경험하도록 한다. 조카는 어른들도 어렵다는 웨딩홀 서빙 파트타임을 시작으로, 식당에서 근무를 하며 돈을 벌기 시작했다. 부모가 보기에는 마냥 어린아이 같지만, 아이가 일을 하며 보여주는 모습은 부모의 걱정을 무색하게 했다. 웨딩홀에서 손님들에게 친절한 서비스를 제공해서 반나절 일당보다 많은 돈을 팁으로 받기도 했고, 사회 경험을 하면서 친구들과의 관계도 더 좋아졌다고 한다. 또, 평소 불편한 이야기를 잘 하지 못하는 성격이지만, 업무상 필요한 사항을 후임 직원에게 전달해서 그 직원의 실수를 미리 예방하기도 했다.

힘들게 번 돈이기 때문에 낭비 없이 돈을 모으고 필요한 상황에만 계획성 있게 지출했다. 얼마 전 생일을 맞은 동생은 아들에게 받은 반지 선물을 자랑했다. 조카는 자신이 번 돈으로 친구들과 함께 여행을 다녀오기도 하고, 불필요한 물품들은 당근마켓에서 직접 거래를 해보기도 했다. 조카는 자신이 번 돈을 가치 있게 지출하는 경험을 했다.

다양한 경험을 통해 돈이 만들어지는 과정을 경험하며 경제에 관련된 서적을 스스로 찾아 읽기도 했다. 그리고 노동 수입을 넘어 사업 수입으로 수입을 확장해갔다. 자신이 번 돈의 일부로 물고기를 구입해서 '물고기 판매로 새로운 현금 흐름을 만들겠다'는 계획도 세우고 실행했다. 이 과정에서 사업을 위한 자본금으로 기존에 저축되어 있던 돈을 사용하지 않고, 자신이 일을 해서 번 돈으로 초기 비용을 지출하는 치밀함도 보였다.

보통의 부모들은 공부 안 하는 아이들을 가장 걱정한다. 가장 많이 하는 말이 "공부해."다. 나의 여동생도 이런 느긋한 마음을 갖기가 쉽기 않았을 것이다. 그러나 모두가 1등을 목표로 공부할 수는 없다. 우리 역시도 모두 1등은 아니었다. 누군가는 다른 일을 선택할 수밖에 없다. 우리는 그 과정에서 아이가 좋아하는 일을 찾을 수 있도록 도와야 한다.

나의 동생은 자신의 아이들에 대한 굳은 믿음이 있다. '유전적으로도 인간은 발전하게 되어 있고, 아이들이 여러 면에서 나보다 우수한데 뭐하러 걱정을 할까? 더 부족한 나도 이렇게 해냈는데 나의 아이들은 당연히 더 잘해낼 거다.'라는 생각을 했다고 한다.

조카는 첫 사회생활에서 많은 배움을 얻으며 그 안에서 작은 승진도 경험했다. 돈을 벌면서 현장에서 얻은 경험은 지식이 아닌 지혜가 된다. 학교에서는 얻을 수 없는 배움이다.

부모의 생각은 아이들 삶에 깊숙이 관여한다. 우리는 아이의 능력을 부모의 믿음의 틀에 가두지 않도록 해야 한다. 우리는 보통 아이들에게 큰 기대를 갖고 용기를 주는 긍정의 말을 한다. 그러나 기대에 충족되지 않으면 상처가 되는 말을 하기도 한다. 우리가 나도 모르게 반복적으로 하는 부정적인 말은 어느 순간 아이의 한계가 된다. 어린 시절의 경험과 배움은 오래도록 함께하기 때문이다.

나 역시도 어린 시절 들었던 부정적인 이야기들이 있다. 그중 어린 시절 반복적으로 들었던 이야기는 나에게는 깊게 각인되었다. 어린 시절 나와 동생들은 극성스럽다는 말을 자주 들었다. 우리를 보살펴주시던 외할머니께서는 걱정스러운 마음에 '극성 집에 패사'라는 말씀을 자주 하셨다. 어린 시절의 우리는 정말 평범함 이상의 극성스러운 아이들이었다. 우리 집에 나쁜 일이 있을 때마다 우리 때문인 것 같아 죄책감을 느꼈다. 그리고 나는 운이 나쁜 사람이라는 생각을 오래도록 붙들고 있었다. 부정적인 생각을 떨쳐내기까지 많은 시간이 걸렸다. 책을 읽으며 '사람은 자신의 의지대로 살 수 있다.'라는 올바른 믿음을 가지게 되었다.

부모가 정하는 생각의 한계가 아이의 인생의 한계가 된다. 부모는 자신의 경험을 기반으로 아이의 한계를 예측한다. 가장 무서운 대물림은 아이의 한계를 결정짓는 잘못된 생각의 대물림이다. 더 큰 생각을 하는 아이로 자라길 바란다면 내가 먼저 더 큰 생각을 할 수 있는 사람이 되어야 한다. 그러나 나에 대한 믿음을 갖기도 쉽지만은 않다.

내 주변의 5명의 평균이 나라고 한다. 변화를 원한다면 주변 사람과 환경을 먼저 바꿔야 한다. 내 주변에 가장 자주 함께하는 5명은 어떤 사람들인지 생각해보자. 보통은 나와 비슷한 사람들과 함께한다. 현재보다 더 성장하고 싶다면 배울 수 있는 사람들과 함께해야 한다. 내 주변에 내가 닮고 배울 수 있는 사람이 없다면 책 속의 저자들과 함께하면 된다.

"창조적인 사람들은 자신의 조직을 넘어 넓은 사회적인 네트워크를 지니고 있다"고 스탠퍼드 대학 경영학 교수 마틴 루프는 말한다. 이처럼 '어떤 사회적인 네트워크를 가지고 있는가?'는 하나의 중요한 자산이다.

『어떻게 읽을 것인가』에서 고영성 작가는 독서 모임의 중요성을 다음과 같이 설명했다. 첫째, 독서가들과 함께 토론을 할 때 우리 뇌의 만족감이 높아지며 독서가 더욱 업그레이드 될 수 있다. 둘째, 독서 모임에 참여하는 것만으로도 책을 꾸준하게 읽는 데 도움이 된다. 독서하는 사람들과의 연결을 통해 독서를 꾸준하게 지속할 힘을 얻는다. 셋째, 사람은 사회적인 동물이다. '소속감'을 느낄 때 학습 능력이 꾸준히 상승될 가능성이 높다. 넷째, 낯선 생각을 가진 다른 사람들과의 연결로 더욱 창의적인 아이디어를 탄생시킬 수 있다. 이렇게 함께 책을 읽고 의견을 나누는 것만으로도 독서의 효과를 훨씬 더 높일 수 있다.

모든 부자들의 공통점은 책을 통한 배움과 좋은 인맥을 소중하게 여긴다는 것이다. 진정한 변화를 원한다면 먼저 환경과 함께하는 사람들을 바꿔야 한다. 엄마가 먼저 꿈꾸고 더 큰 세상을 향해 간다면 아이들은 자연스럽게 엄마의 관점을 배우게 된다.

독서와 변화를 원하지만 꾸준한 실행이 어렵다면 'MF Care'에 초대한다. 다른 사람과 생각을 나누며, 나를 돌아보고 생각을 확장할 수 있다. 어려운 독서 습관을 꾸준하게 지속할 수 있다. 오늘의 이 작은 용기 하나가 당신과 소중한 당신 자녀의 미래를 바꿔줄 것이다.

## 인생을 바꾸는 질문

1. 나는 성장을 위한 사회적 네트워크가 있는가?

_____

_____

2. 스스로 생각의 한계에 갇혀 포기했던 일이 있는가?

_____

_____

3. 부모님의 생각이 나에게 미친 긍정적 영향은 무엇인가? 구체적으로 적어보자.

_____

_____

_____

## 2

# 어설프게 착한
# 엄마는 되지 말자

"어머, 어쩜 이렇게 아이들이 착해요?"라고 주변 원장들이 우리 학원을 방문하면 묻는다. 사실, '착하다.'라는 표현보다는 태도가 '바르다.'라는 표현이 더 적절할 것이다. 우리 학원의 아이들은 수업 전 로비에 앉아서, 책을 펴고 낭독하는 것으로 수업을 준비한다. 나는 학원 내 차분한 학습 분위기를 위해 입실 후에는 예습 혹은 복습만 가능이라는 규칙을 만들었다. 처음엔 어색해했지만 아이들은 금세 적응했다. 또 신입생 아이들은 재학생들을 보고 배우며 학원의 문화를 만들었다. 애써 가르치지 않아도 아이들은 보고 배우는 힘이 있다.

공부하는 데 가장 중요한 것은 습관과 분위기다. 등원과 동시에 이곳에 적절한 행동이 시작된다. 아이들의 좋은 습관을 위해 원칙을 정해주고 원칙을 지키도록 하는 것이 중요하다. 아이들은 마치 진흙과도 같다. 어떻게 빚어주느냐에 따라 어떻게 성장하느냐가 결정된다.

육아와 교육은 유사점이 많다. 육아 프로그램을 보면, 아이들은 주 양육자의 태도에 따라 행동이 달라진다. 교육에서도 같은 모습을 볼 수 있다. 가장 큰 공통점은 과도한 보살핌은 독립적인 사람으로 자라는 데 도움이 되지 않는다는 것이다.

비슷한 시기에 입학한 세 학생이 있었다. 친한 친구들이었지만 아이들의 성향, 어머니들의 성향도 모두 달랐다. 그 중 한 학생이 눈에 띄었다. 그 학생은 가장 의욕이 넘치고, 욕심도 많았다. 다만, 욕심 대비 지구력이 약했다. 아이들 셋은 각자 열심히 공부했으나 개인의 역량에 따라 약간씩 실력 차이가 벌어졌다. 어느 날 그 의욕적이던 학생이 갑자기 그만두겠다고 했다. 어머니께 이유를 여쭈었지만 명확한 답변을 들을 수 없었다.

얼마 지나지 않아 다른 학생의 어머니를 통해 그 학생의 퇴원 이유를 알 수 있었다. 잦은 결석과 학습 속도의 차이 등으로 친구들에 비해 자신의 진도가 늦어지자 화가 났던 것이다. 친한 친구들이었으나 그 아이는

지는 것이 싫었고, 경쟁 대상들을 피하는 것으로 문제를 해결했다. 친구들이 자신보다 앞선다는 느낌이 들자 화가 났던 것이다. 가장 안타까웠던 것은 진짜 원인을 해결하지 못한 채, 감정대로 결정한 것이었다. 삶에서 만나는 문제들은 피한다고 해결되지 않는다. 그런 경우 진짜 원인을 찾고, 문제의 본질을 해결하도록 도와야 한다.

예를 들어 진도가 늦은 것 같아 속상하다고 생각한다면 아이가 선택할 수 있도록 설명할 수 있다. 과제나 학습량을 늘려서 친구들의 진도와 맞출 것인지, 혹은 사람마다 속도가 다르다는 것을 이해하도록 하고 아이가 다름을 배우도록 할 것인지. 그러나 불편함을 제거하는 것이 좋은 선택은 아니다. 살면서 불편한 일을 겪을 때마다 도망갈 수는 없다.

누구도 부모가 되는 법을 배우고 부모가 되지 않는다. 그러니 어떤 양육 방식이 좋은 것인지 알기도 어렵다. 그렇기에 책을 통해 전문가들을 만나며 계속 배우는 것이다.

켄 로빈슨 교수와 루 애로니카 작가가 함께 집필한 『누가 창의력을 죽이는가』에는 부모의 양육 방식을 총 네 가지로 구분했다. 1960년대 초반, 심리학자 다이애나 바움린드(Diana Baumrind)가 설문조사를 통해 부모의 양육 방식을 세 가지로 분류하고, 30년 후 엘리노 매코비(Eleanor Maccoby)와 존 마틴(John Martin)은 바움린드의 분류에 한 가지를 더해

권위적인 방식, 지휘적인 방식, 방임적인 방식, 무관심한 방식의 총 네 가지로 구분했다.

첫째로 권위적인 부모는 자녀가 따라야 할 규칙들을 제시하는데 이때 자녀에게 자율권을 주지 않는다. 또한 규칙을 지켜야 하는 필요성에 대해서도 충분히 설명하지 않는다. 자신의 지시를 아이가 따라주기를 바라며, 규칙을 어기면 이에 따른 처벌을 한다. 이 같은 부모 밑에서 자란 아이들은 자신의 일은 무난하게 완수한다고 한다. 다만, 대체로 행복감을 느끼지 못하며, 사회생활에 문제를 보이는 경우가 많다고 한다.

두 번째로 지휘적인 부모 역시 일련의 규칙을 제시한다. 이들은 규칙에 대한 이유를 충분하게 설명하기 위해 노력한다. 또 상황에 맞게 자녀들의 의견을 충분히 듣고 수용하려고 한다. 자녀가 규칙을 따라주기를 바라지만, 더 좋은 쪽으로 언제든 바뀔 수 있다고 생각한다. 지휘적인 부모 밑에서 자란 아이들의 행복 지수가 대체로 높고 사회생활도 잘한다고 한다. 또한 자신의 목표를 성공적으로 이뤄내는 경우가 많다.

세 번째로 방임적인 부모는 아이에게 지나치게 관대한 모습을 보이는 경우가 많다. 자녀를 자신과 대등하게 친구처럼 대하기도 한다. 그들은 규칙을 제시하는 경우가 거의 없다. 아이에게 별 기대를 하지 않으며, 자녀를 보살피는 것으로 충분하다고 생각한다. 방임적인 부모를 둔 아이들은 학교처럼 규칙을 지켜야 하는 곳에서 많은 문제를 보인다. 또한, 사회

생활에 잘 적응을 하지 못하는 경우가 많다.

네 번째로 무관심한 부모는 부모로서의 최소한의 역할만을 수행한다. 쉴 곳을 주고 먹을 것만을 주지만 아이에게 길을 제시하거나 하는 등의 보살핌은 거의 하지 않는다. 이 같은 부모 밑에서 자란 아이들은 자기 통제력, 자존감, 행복지수 등에 많은 문제가 있다고 한다.

마지막으로, '헬리콥터 부모'가 있다. 이들은 강박적으로 자녀를 보호하는 부모들을 가리킨다. 늘 가까운 곳에서 아이를 보살피며 혹시라도 다치지는 않는지 숙제를 완벽하게 하거나, 다른 사람들로 인해 아이의 자존심이 다치지는 않는지 살핀다. 아이의 자존심이 다친 것으로 보이면 즉시 학교로 달려가 항의를 하곤 한다. 이 유형의 부모들에 대해, 인디애나대학교에서 심리학을 연구하는 크리스 메노(Chris Meno)는 아이들 스스로 뭔가 헤쳐 나갈 기회를 갖지 못하면, 문제 해결 방법을 배울 수 없으며, 스스로 문제를 해결한 경험이 없기 때문에 이는 자존감에까지 영향을 끼친다고 한다. 뿐만 아니라, 실패를 경험한 적이 없으므로 실패에 대해 오히려 극도의 두려움을 갖는다고 한다. 부모는 아이를 위해 최선을 다했지만 오히려 낮은 자신감, 실패에 대한 극도의 두려움 등을 갖게 한다고 한다.

간혹 아이가 원하는 것을 다 들어주는 것을 좋은 부모라고 생각하는 경우가 있다. 혹은 아이가 겪는 어려움을 대신 해결해주는 것이 좋은 부모라고 생각하는 경우도 있다. 그러나 인간은 자신의 삶에 스스로 통제권을 가질 때 진정한 자유를 느낄 수 있다. 나의 문제를 누군가 타인에게 의지해서 해결해야 한다면 자신의 삶에 주도권을 가질 수 없다. 작은 문제에도 두려움을 느끼고 더 큰 불안감을 느낀다. 그러나 문제 해결의 경험치가 쌓일 경우 더 단단한 마음을 가지게 된다. 그리고 자신의 삶에 더 많은 주도권과 통제권을 갖는다.

인간은 아무런 규칙이 없는 상황에서 더 큰 행복감을 느낄 것이라고 생각한다. 그러나 일정한 원칙 안에서 규칙을 지키며 살아갈 때 더 행복하다고 한다. 그러니 아이들이 사회 구성원으로 지켜야 하는 규칙들을 명확하게 알도록 해야 한다. 타인을 배려하고, 자신의 행동에 책임을 지며, 원하는 것이 있다면 노력으로 얻어야 한다는 것을 알도록 해야 한다.

나는 입학 때 아이들과 신입생 어머니들에게 두 가지 학원 규칙을 안내하고 확인 서명을 받는다. 첫째, 선생님께 예의 바르게 행동하기. 둘째, 다른 친구들에게 배려 있게 행동하기. 이 두 가지를 지킬 수 있다는 확인을 받은 후에야 입학이 확정된다. 태도가 바르다면 공부의 결과는 시간의 문제다. 좋은 결과를 위해 가장 중요한 것이 태도와 마음가짐이다. 교사와 부모는 아이가 태도와 마음가짐을 가꾸며, 자신의 삶을 이끌어갈 수 있도록 도와야 한다.

공부를 통해 정말 배워야 하는 것은 삶에 주도성을 가지고, 스스로 문제를 해결해나가는 힘이다. 처음에는 도움이 필요하지만, 조금씩 개입을 줄이고, 스스로 해결할 수 있는 분량을 늘려가야 한다. 교사 혹은 부모가 지나치게 많은 개입을 하거나 필요 이상의 도움을 주면 아이는 계속 의지하게 된다. 스스로 문제를 해결하는 데 점점 더 두려움을 느끼게 된다.

많은 부모들에게 가장 어려운 일은 '어려움에 처한 아이가 스스로 문제를 해결하도록 지켜보는 일'이다. 당장 달려가서 해결해주고 싶을 것이다. 그러나 먼 관점으로 본다면 어설픈 개입은 아이가 독립심과 주도성을 배울 수 있는 기회를 얻지 못하게 만들 뿐이다.

어린아이들은 대부분 의사 표현에 어려움을 느낀다. 그러나 매번 부모가 대신 해결해준다면 아이는 의존적인 아이로 자라게 된다. 처음에는 어머니가 도움을 주지만, 스스로 해결할 수 있도록 조금씩 독립을 시켜야 한다. 그 과정에서 아이에 대한 믿음이 필요하다. 미숙한 과정을 모른 척 지켜볼 수 있는 인내도 필요하다. 책임지는 태도를 배우기 위해, 과정 중 실수가 있는 경우 아이 스스로 보완할 수 있는 방법도 찾아야 한다. 어렵지만 부모로서 반드시 해야 하는 것은 아이를 믿고 스스로 걷도록 조금씩 손을 떼는 것이다.

아이에게 부모의 적극적인 보살핌과 개입이 필요한 시간은 길지 않다. 그 이후 필요한 것은 적절한 조언과 균형 있는 거리두기다. 착한 엄마는 아이의 독립에 당황하기 시작한다. 부모로서 역할은 일생에 걸친 헌신이 아닌, 자신의 삶을 이끌어갈 수 있는 인간으로 아이가 자라도록 돕는 것이다. 그리고 부모는 아이가 보고 따라갈 수 있는 좋은 롤 모델이 되어주는 것이다. 나를 먼저 성장시키고, 한 발 물러서 아이를 지켜보는 지혜와 느슨한 유대관계가 필요하다. 자녀를 위해 모든 것을 헌신하는 대신, 먼저 내 인생을 잘 보살피자. 자신의 삶을 소중하게 가꿀 줄 아는 부모의 모습은 아이들에게도 좋은 인생의 롤 모델이 된다.

## 인생을 바꾸는 질문

1. 나는 자녀 양육에 관련된 나만의 명확한 원칙이 있는가? 있다면 구체적으로 적어보자.

_____

_____

2. 나는 어떤 유형의 부모인지 생각해보자.

_____

_____

3. 나는 아이에게 어떤 세상을 보여주고 있는가? 어떤 세상을 보여주고 싶은가?

_____

_____

# 부자 엄마는 자신에게
# 먼저 투자한다

"원장님. 저는 막둥이가 울어서 못 들어갈 것 같아요. 엄마 하지 말라고 떼를 써서 못 들어갔어요. 아쉽지만 앞으로 독서 모임 참석은 어렵겠어요." 'MF Care' 시작 때부터 함께하던 한 어머니께서 참석을 못 하시겠다고 연락을 주셨다. 참 아쉬운 순간이었다.

그녀는 참 특별한 사람이었다. 보통 재학 기간이 길어지면 학원에서 하는 교육 세미나 참석률이 낮아지게 마련이다. 원장에 대한 믿음도 있고 새로운 정보에 크게 민감하지 않다. 그러나 그녀는 나와 함께하는 8년의 시간 동안 내가 주최하는 거의 모든 교육 세미나에 함께했다. 늘 새로운 정보를 열린 마음으로 귀담아 들었다. 추천해주는 책은 열심히 읽었고, 새로운 교육의 방향이 있다면 적극적으로 함께 고민했다.

나는 코로나로 혼란스럽던 첫 해에 영업 금지로 학원 문을 닫고 어려운 시간을 보냈다. 이전의 다른 바이러스와 전혀 다른 느낌이었다. 나는 『리부트』라는 책을 읽으며 변화되는 세상을 직감했다. 그리고 우리 아이들이 살게 될 세상을 어떻게 준비시켜야 할지 여러 가지 생각이 교차했다. 나는 아이들과 학부모들도 반드시 알아야 할 내용이라는 생각이 들었다. 나는 독서를 독려하기 위해 커피 쿠폰과 수강료 할인의 혜택을 약속하며, 독서 이벤트를 진행했다. 그 많은 분들 중 딱 두 분만이 책을 읽었고, 후기를 남긴 분은 그 어머니가 유일했다.

"이 책 속에는 지금 당장 내가 해야 될 일들을 얘기해주고 있다. 읽어보고 생각해보니 맞더라. 코로나 전과 후가 완전히 달라질 세상이 오는 게. 아이들 미래도 내 미래도 갑자기 불안해졌다. 나 어릴 적처럼 학교 가고, 학원 가고, 공부해서 적당한 대학에 들어가서 대기업에 입사하면 좋겠고. 내가 아이들에게 그리는 미래는 이랬다. 그런데 이게 아니구나! 세상이 빠르게 변하고 있는데 난 아날로그 식에서 못 벗어나고 있었다.

무엇 때문에 이 책을 학부모들에게 추천하며, 지출이 생기는데도 독서 리뷰 이벤트를 하시는지 알겠더라. 아이들과 함께 읽어보면 좋을 것 같다. 원장님 추천해주셔서 감사합니다."

그녀가 자신의 인스타그램에 남긴 독서 후기였다. 학원 10년을 운영하며 만났던 어머니들 중 가장 꾸준하게 아이들이 살게 될 미래에 대해 함께 생각하고 행동하는 분이었다. 세상이 정해준 방식이 아닌, 아이들이 살게 될 세상에 대해 가장 현실적인 고민을 하는 분이었다.

엄마의 정보력, 아빠의 무관심, 할아버지의 경제력이 아이의 대입 성공을 결정한다. 한참 동안 입시 판에서 떠돌던 씁쓸한 우스갯소리다. 하지만 아직도 많은 어머니들이 각종 학원 설명회와 입시 설명회를 좇아다니며 입시 정보를 모으는 것이 현실이다. 그러나 이 과정을 통해 우리가 가고자 하는 길은 자본주의 세상에서 정해놓은 성공 로드맵이다.

몇 년 전 〈SBS 스페셜〉 '난독시대'에 강남의 국어 학원 등록을 위해 길거리에서 노숙을 하는 학부모들이 나왔다. 수능 모의고사 국어 성적을 올리기 위해 노숙도 마다하지 않고 학원 등록일에 맞춰 대기를 하는 모습이었다. 최근 몇 년 새 스마트폰 사용량 증가와 독서량 감소로 인해 독해 능력이 떨어지고 있다. 그래서 역대 최저의 수능 국어 점수가 나왔던 것이다. '난독시대'에서는 우리나라의 읽기 능력의 국가 순위가 떨어지고 있다고 했다. 이것은 아이들만의 성적 문제뿐만 아니라 국가적인 경쟁력 문제다.

평소 나는 학부모들과 아이들에게 독서의 중요성을 강조한다. 그러나 대부분 경우 시간이 없거나 책 읽기를 싫어한다는 답이 돌아온다. 마치 숙제하듯 독서를 했던 아이들은 중학생이 되어 학습 부담이 커지면 독서를 멈춘다. 혹은 스마트폰의 사용이 늘어나면서 독서와 멀어지게 된다. 그리고 또 한 가지. 아이들의 행동은 부모의 영향을 많이 받는다. 평소 독서를 많이 하는 아이들에게는 역시나 책 읽는 부모가 있다.

나는 어머니들의 독서 습관을 위해 'MF Care'라는 독서 모임을 시작했고, 재원생 어머니들을 대상으로 참여를 권했다. 대부분의 어머니들은 바빠서 책 읽을 시간이 없다며 거절했다. 그러나 책은 시간이 날 때 읽는 것이 아니라, 시간을 내서 반드시 읽어야 하는 것이다.

독서는 빠르게 변화하는 세상에서 살아남기 위해 필요한 최소한의 생존 수단이다. 정말 우리에게 없는 것은 시간이 아닌 마음이다. 가장 안타까운 경우는 독서의 중요성 자체를 모르는 부모들이다. 공부를 제외한 다른 일은 모두 시간 낭비라고 생각한다. 그러나 입시에서도 진로 관련 독서 및 진로 관련된 탐구 활동 여부는 중요한 변수가 된다. 큰 성공과 부를 이룬 많은 사람들은 독서의 중요성을 강조한다. 워렌 버핏, 빌 게이츠, 고 스티브 잡스 등은 독서광이라고 알려졌다. 평범한 사람들이 삶을 바꿀 수 있는 가장 강력한 방법은 독서다.

코로나 이후의 먼 미래에 만나게 될 기술들이 코로나로 인해 우리의 삶으로 빠르게 스며들었다. 많은 직업들의 자동화가 이루어졌다. 키오스크로 주문을 하고 로봇 바리스타가 만든 커피를 마신다. 사람을 통해서만 가능하던 업무들이 자동화로 전환되고 있다.

우리가 자라던 시절의 유망 직업은 더 이상 유망 직업이 아니다. 세상이 바뀌면서 추구하는 삶의 방식 또한 달라지고 있다. 기업들의 채용 방식과 사람들의 라이프 스타일이 달라지고 있다. 사람들은 더 많은 자유를 원한다. 재택근무를 선호하는 이유는 업무의 자율성 때문이다. 기업은 블라인드 채용으로 직무 경험과 실력을 우선시하며, 수시 채용을 한다.

시대에 맞지 않는 조언은 오히려 치명적인 독이 될 수 있다. 목표 설정이 올바르지 않다면 엉뚱한 시간, 노력, 비용을 낭비하게 된다.

여전히 많은 부모들이 자녀의 교육에 아직 어마어마한 비용을 투자한다. 2022년 7월 26일 한국보건사회연구원의 '2021년도 가족과 출산 조사' 보고서에 따르면 초등학생 자녀들의 교육비로 월 42만7천 원 정도, 도시 지역의 경우 45만5천 원을 지출한다고 했다. 학원의 아이들에게 물어보니 학원을 다니지 않는 아이들은 반에서 10~20% 정도밖에 되지 않는다. 중학생 기준 영어 수학 두 과목의 수강료만 계산하더라도 최소

50~60만 원이다. 거기에 독서 논술, 과학 수업을 별도로 듣는 아이들도 있다. 아이들 1명당 매월 100만 원의 사교육비를 지출하는 셈이다. 사교육 비용을 자녀의 미래에 대한 투자라고 생각한다. 그러나 보장된 것은 아무것도 없다. 그러니 이것은 투자가 아닌 지출이다.

이상적인 부모 자녀의 관계는 각자가 정신적, 경제적으로 독립적인 삶을 꾸리는 것이다.

최근 경제적으로 독립하지 못하고 부모에게 의지하여 지내는 20~30대가 늘고 있다. 나이를 먹었으나 여전히 경제적 독립을 이루지 못한 사람들을 캥거루족이라고 한다. 이들은 성인이 되었지만, 여전히 부모에게 용돈을 받으며 취업 준비를 하고 있다. 어린 시절부터 모든 것을 부모에게 지원받았기에, 성인이 된 이후에도 이들은 부모로부터의 지원이 익숙하다. 성인이 된 이후에 추가적인 공부가 필요하다면 스스로 필요한 돈을 벌며 공부를 하는 것이 마땅하다. 성인이 되기 전까지는 부모에게 보살펴야 할 의무가 있다지만, 성인이 된 이후에는 스스로의 삶을 보살필 수 있어야 한다. 그러나 법적 성인이 되었다고 어느 날 갑자기 집에서 나가고, '경제 독립'을 하기는 어렵다. 그 전에 아이들에게 노동의 중요성과 돈의 가치와 관리하는 법을 가르쳐야 한다. 즉, 가정에서 적절한 경제 교육이 이루어져야 한다는 의미다. '너는 공부만 하면 된다'고 가르치지 말고, 함께 집안일에 참여시키며 노동의 가치를 알게 해야 한다. 그리고 성인이 되었을 때 독립할 수 있도록 준비를 시키는 것이다.

전 세계에서 가장 많은 부를 소유하고 있는 유대인들의 경우, 아이들이 어릴 때부터 함께 가사 일에 참여하며 용돈을 벌도록 한다. 이로써 '돈의 가치'와 '노동의 가치'를 알도록 하는 것이다. 일을 해서 번 용돈을 스스로 저축하고 투자하며 돈에 대한 지식과 경험을 함께 얻도록 한다. 또한 투자를 통해 사업가 마인드를 기르도록 한다. 법적 성인이 되었다고 어른이 되는 것은 아니다. 부모로 부터 '경제적 독립'을 이루었을 때 '정신적 독립'도 가능하다.

『프로페셔널 스튜던트』에서 김용섭은 빠르게 변하는 세상에서 "롱런(Long run)하려면 롱런(Long Learn)해야 한다"고 말한다.

현명한 부모라면 일정 금액을 반드시 나를 위한 배움에 투자해야 한다. MZ세대는 부모보다 가난한 첫 자식 세대라고 한다. 부모 역시도 자신들의 노후를 스스로 준비해야 한다. 또, 아이들이 품을 떠난 후 엄마도 자신의 인생을 찾아야 한다. 자녀를 위해 모든 것을 헌신했던 엄마들은 자녀들이 떠난 후 공허함을 느낀다. 그러니 아이들이 자라는 동안 엄마도 공부하며 함께 성장해야 한다. 끝으로, 공부하는 부모의 모습은 그 자체로 아이들에게 좋은 롤 모델이 된다. 아이들은 말하는 대로가 아닌, 보는 모습 그대로 자라기 때문이다.

막둥이 육아로 독서 모임에서 아쉬운 하차를 했던 어머니는 결국 다시 함께하게 되셨다. 『역행자』라는 새로운 책을 시작하며 그 어머니에게 필요한 책이라는 생각에 나는 다시 그녀를 초대했다. 우리는 독서와 토론을 통해 '생각의 변화'를 얻고, '새로운 관점'을 얻게 된다. 혼자 지속하기는 어렵다. 멀리 가려면 함께 가야 한다. 아직은 엄마의 보살핌이 많이 필요하지만 1주일에 한 번은 엄마의 시간을 배려할 수 있도록 설명할 수 있다. 원하는 것을 다 들어주기보다는 규칙 속에서 자라는 아이가 더 안정감이 있다.

『부자 습관 가난한 습관』에서 부자가 되는 1단계는 "먼저 나에게 투자한다."였다. 내가 올바른 방향성을 가지고 있어야 자녀들을 올바른 방향으로 이끌 수 있다. 나 자신에게 먼저 투자하며, 변하는 세상에 대해 끊임없이 공부하자. 부자들이 부를 이루고 부를 지키는 습관은 바로 '먼저 나에게 투자한다.'라는 것을 기억하자. 부자 엄마는 나에게 먼저 투자한다.

1. 나는 나의 미래를 위해 어떤 투자를 하고 있는가?

_____

_____

2. 엄마가 먼저 자신의 미래와 교육에 투자해야 하는 이유는 무엇일까?

_____

_____

3. 아이들의 경제 독립을 준비하기 위해 할 수 있는 한 가지를 생각하고 당장 실행해보자.

_____

_____

# 건물주가 되는
# 3가지 방법

당신의 어린 시절의 로망은 무엇인가? 2층 양옥집, 침대, 피아노. 이 세 가지는 어린 시절 나에게 부의 상징들이었다. 초등학교 저학년 때까지 우리 집은 공동수도와 공동변소를 사용하는 다가구주택에 살았다. 각 가정은 방 하나에 부엌 하나를 사용했다. 현관문도 없이 방문을 열면 바로 방이었다. 그렇게 10세대 정도가 하나의 대문을 함께 쓰며 살았다.

초등학교 1학년이 되던 해에 나는 엄마의 권유로 피아노를 배우기 시작했다. 까만 피아노 위에 하얀 건반. 건반을 누를 때마다 들려오는 아름다운 멜로디가 그저 신기했다. 나는 피아노를 너무 갖고 싶었다. 그러나 당시 우리 형편으로 세 딸들이 피아노를 배울 수 있다는 것만으로도 기적이었다. 나는 성인이 될 때까지 피아노를 갖지 못했다. 학원을 오픈한 후 가장 먼저 피아노를 다시 배우고, 피아노를 구입했다. 평생 꿈꾸던 일이었다. 피아노를 갖게 되었다는 것은 가난에서 벗어났다는 상징적인 의미이기도 했다.

어린 시절 경제적으로 어려웠던 우리 집은 어머니께서 장사를 하시면서 잠시 형편이 좋아졌었다. 그러다 내가 고등학교를 졸업할 무렵부터 다시 어려워지기 시작했다. 더 이상 운이 따르지 않는 것 같았다. 결국 어머니는 연년생 딸 셋의 대학 교육을 위해 집과 땅 등을 하나씩 처분하기 시작했다. 우리의 교육과 부모님의 노후를 맞바꾸고 있었다.

그 후로 반지하를 거쳐, 여러 번의 이사 후 내 생애 가장 외딴 시골 동네로 이사를 갔다. 사방이 과수원, 논, 축사였다. 내 집이 없어서 수시로 이사를 다니는 생활은 참 힘들었다.

나는 20대부터 내 집 마련에 대한 강력한 소망이 있었다. 서른아홉 살, 자영업자가 된 지 약 1년 만에 내 집 마련의 꿈을 이뤘다. 20평대 초반의 낡은 오래된 아파트였지만 이사 걱정 없이 살 수 있는 나만의 공간이 생겨서 행복했다.

누군가에게는 가난한 어린 시절 불우했던 가정사가 그저 힘들었던 상처일 수 있다. 나에게 주어진 어린 시절의 삶은 내가 선택할 수 없다. 그러나 그것을 어떻게 바라볼 것인가는 철저하게 나의 몫이다. 나의 관점에 따라 그것은 고통의 시간이 될 수도 있다. 혹은 축복이 될 수도 있다. 인생에서 만나는 모든 결핍과 곤궁함은 발전과 성장을 위한 원동력이라고 생각한다. 가난한 어린 시절을 겪지 않았다면 삶의 결핍을 스스로 채우려 노력하지 않았을 것이다. 학력의 결핍을 느끼지 않았다면 평생 배우는 자세로 살지 못했을 것이다. 이런 노력들을 통해 더 나은 삶을 만들어갈 수 있었다.

나의 어머니께서도 젊은 나이에 남편과 별거한 채 아픈 친정어머니를 보살피며 세 딸을 키우는 가장으로의 삶이 참으로 고단했을 것이다. 그 어떤 시련에도 어머니는 무너지지 않으셨다. 삶이 레몬을 준다면 어머니는 그것을 레몬주스로 만들어내셨다. 어떤 시련에도 무너지지 않는 어머니의 강한 모습은 세 딸들에게 가장 든든한 정신적 울타리가 되었다.


자영업자로 학원을 오픈하기 전 나는 한 원장의 이야기를 들었다. 그녀는 상가를 경매로 싸게 인수한 후 월세 걱정 없이 학원 운영을 한다고 했다. 월세에 쫓기지 않으니 여유롭게 운영해서 학원도 성공적으로 잘 운영한다고 했다. 불과 몇 달 전까지 월급쟁이였던 나는 빚으로 학원을 시작했다. 그런 내가 건물주가 되겠다고 상상한다는 것 자체가 무모할 수도 있었다. 그러나 나는 언젠가 상가를 사겠다는 뜻을 마음에 담아두고 있었다.

나는 낮밤, 주말도 없이 최선을 다해 열심히 일했다. 학원은 꾸준하게 성장했고 2년이 지났다. 계약 만료가 1개월도 남지 않아 건물주로부터 연락이 왔다. "임대료를 인상해야 하는데 얘기가 늦었네요.", "네? 임대료를 인상하신다구요? 연락이 없으셔서 기존 조건대로 연장하는 것으로 생각했습니다. 죄송합니다만 계약 2년 만에 임대료를 올리는 것은 너무 부담스럽습니다." 협의를 하던 중 재계약을 해야 할 날짜를 이미 넘겼다. 가까운 부동산 사장님께 문의하니 건물주와의 관계가 불편해서 좋을 것이 없다고, 임대인의 요구대로 재계약을 하라고 조언을 해주셨다. 재계약마다 계속 월세를 올려줘야 한다면, 상상만으로도 두려웠다. 건물주 앞에 나는 그저 힘없는 영세 세입자였다. 조물주 위의 건물주는 뼈아픈 현실이었다.


인간은 문제를 만나면 문제에 대해 고민하고 답을 찾는다. 나는 근처에서 내가 매수할 수 있는 상가를 알아보기 시작했다. 우리 건물의 구분 상가 2개가 매물로 나왔다는 연락을 받았다. 나는 그해에 아파트를 매수했기에 여유 자금이 하나도 없었다. 깊은 고민에 빠졌다. 평생 월급쟁이 생활을 하며 빚이라는 것을 만들어본 적이 없다. 주택담보대출도 부담스러운 상황이었다. 당시 임대료와 은행 이자를 비교 계산해봤다. 당시 고금 리였으나 은행 이자를 제외해도 꽤 높은 수익을 낼 수 있었다. 사실, 당시에는 투자의 목적보다는 실사용을 위한 목적이 더 컸다. 그러나 단순 투자로 생각해도 좋은 투자였다. 대출을 갚으면서 수익률은 점점 더 높아질 것이다. 당장 상가를 이용하지 못하면 투자로 생각하면 된다. 상가를 직접 사용하게 된다면 매번 임대료 인상의 스트레스에서 벗어날 수 있다.

선택하기 전까지는 정말 두려웠다. 끝없는 두려움의 목소리가 내 안에서 들려왔다. 그러나 시간을 돌이켜 생각할 때 그 선택은 내 삶의 선택 중 가장 잘한 선택 중 하나였다.

코로나로 학원 운영에 어려움을 겪었던 지난 2년 동안 월세 부담이 없었기에 큰 부담 없이 견딜 수 있었다. 코로나 기간 중 높은 물가 인상률에도 나는 기존 재원생들에게 오히려 몇 년 동안 수강료 할인 혜택을 제공할 수 있었다.

인간은 목표를 정하면 그 안에서 답을 찾아간다. 상가 매수로 몇 년 동안 바짝 허리띠를 졸라매며 살아야 했다. 그러나 안정적인 현금 흐름을 만들어주는 든든한 자산이 되었다.

많은 사람들이 건물주가 되고 싶다고 말하지만 실제 생각으로만 그치는 경우가 많다. 언젠가 이루고자 한다면 오늘 당장 나가서 구경이라도 한번 해봐야 한다. 전체 빌딩을 소유하기는 어렵겠지만, 구분 상가 한 칸 정도는 누구에게나 실현 가능한 투자다. 다만 실행하지 못하는 이유는 방법을 모르기 때문이다. 혹은 모르기 때문에 오는 두려움 때문이다.

나는 부동산 거래 시 부동산의 가격만큼 현금을 가지고 있어야 살 수 있다고 생각했다. 은행의 대출로 레버리지를 할 수 있었고, 부동산 거래에서 중요한 것은 매월 들어오는 안정적인 현금 흐름이었다. 불과 2년 전까지만 해도 월급을 받던 내가 자영업자가 되고 건물주가 되는 과정 중 가장 필요한 것은 용기였다. 안정적인 월급을 내려놓고 자영업자가 되는 일이나, 은행 대출을 이용해서 건물을 매수하는 그 과정은 나에게도 두려웠다. 부동산 거래 경험이 많으신 어머니께서 적극적으로 도움과 조언을 주셨고 나는 용기를 냈다.

나는 레버리지의 힘을 알게 되었다. 몇 가지 주의할 점은 상가는 아파트처럼 자산 가치 변동이 크지 않을 수 있다. 또한, 상가의 가격이 높다고 그에 비례하는 높은 임대료를 받을 수 있는 것은 아니다. 상권의 가치를 분석할 수 있는 안목이 필요하다. 투자의 목적을 명확하게 하고 내가 감당할 수 있는 범위 안에서 대출을 이용한 레버리지를 써야 한다.

건물주가 되는 또 다른 방법은 내가 직접 건물을 짓는 것이다. 나 역시 언젠가 건물을 지을 수도 있다는 계획으로 토지를 매입해두었다. 토지에 건축을 직접 시공해서 매도한다면 많은 시세 차익을 남길 수 있다. 다만,

직접 주거를 목적으로 한다면 몇 년 후 매도 시기에 주택 가치를 그대로 인정받기는 쉽지 않다. 따라서 역시 자신의 상황과 형편에 맞게 이익 실현을 목적으로 할 것인지 주거의 수단으로 주택 건축을 목적으로 할 것인지에 대한 고민이 필요하다. 또한 전원주택 생활의 현실이 상상처럼 낭만적이지만은 않다는 것을 나의 동생을 보며 알게 되었다. 집을 깨끗하게 관리하는 데 엄청난 노동력이 들어간다. 이런 이유로 나 역시도 건축을 미루게 되었다. 또한, 가족 구성원 모두의 라이프 스타일을 고려해 신중한 결정이 필요할 것이다. 건축업을 하시는 가까운 친척분의 말씀에 의하면 직접 건축이 가장 많은 이익을 실현할 수 있는 방법이라고 하셨다.

건물주가 되는 또 다른 방법은 경매로 저렴하게 낙찰을 받는 것이다. 사실, 운이 좋다면 가장 저렴하게 건물주가 될 수 있는 방법이다. 다만, 경매의 경우 사전 지식이 없는 사람이 실현하기에는 리스크가 크다. 어떤 투자라도 실현 가능한 이익이 크다면 리스크도 크다. 전문가의 도움을 받거나 혹은 경매에 대해 제대로 공부하고 일어날 수 있는 다양한 리스크와 이후에 실현 가능한 이익에 대해 충분히 비교 분석해보고 실행해야 한다.

누군가 돈을 벌었다는 정보만으로 무작정 뛰어드는 투자는 투기나 다름없다. 쉽게 돈을 벌고자 하는 욕심이 큰 손해를 일으킨다. 세상에 쉽게 얻는 돈은 없다. 다양한 투자 사례를 공부하며, 나에게 적합한 방법을 찾아서 오늘 할 수 있는 일 한 가지를 실행해보자.

부자들은 남들이 보지 못하는 기회를 발견하는 사람들이다. 그들은 위기 속에서 기회를 발견하고 남들과 다른 의사 결정으로 돈을 번다. 모두가 공포에 질려 자신의 자산을 던질 때 이들은 여유롭게 그런 자산들을 사들인다. 그리고 하락장이 지속된다 해도 그 시간을 묵묵히 버틴다. 시장은 언제나 호황과 불황이 반복된다는 것을 알기 때문이다. 자신의 목적이 명확하기 때문에 흔들림이 없는 것이다.

부자가 되기 위해서는 위기 속에서 기회를 발견할 수 있는 안목이 필요하다. 또한 실행할 수 있는 용기와 실행력이 필요하다. 끝으로 위기에서도 흔들리지 않을 수 있는 자기 확신이 필요하다.

세상에는 학교 공부를 제외하고도 알아야 할 것들이 많다. 내 아이에게 나와 다른 삶을 물려주고 싶다면 가정의 경제 상황을 공유하고 경제 교육부터 시키자. 경제관념은 성인이 되어 살아가는 내내 강력한 무기가 된다. 내가 먼저 돈에 대해 공부하고 아이에게도 돈에 대해 가르치자.

## 인생을 바꾸는 질문

1. 나는 건물주를 꿈꿔본 적이 있는가? 있다면 왜 아직 그 꿈을 실현

하지 못했는가?

_____

_____

2. 건물주가 되는 3가지 방법을 자녀에게 설명해 보자.

_____

_____

3. 건물주가 되기 위해 지금 당장 할 수 있는 일은 무엇이 있을까?

_____

_____

_____

# 자산이 되는 투자
# 7가지

당신이 삶에서 가장 소중하게 생각하는 가치는 무엇인가? 가족, 행복, 건강, 성공, 인간관계. 대부분의 사람들의 삶의 최우선 순위는 이 범위에서 크게 벗어나지 않는다. 인생이란 한 사람의 우선순위에 의한 선택과 그 선택으로 만들어진 결과들의 연속이다.

여기 열심히 사는 두 사람이 있다. 두 사람은 외적인 조건에서는 큰 차이가 없다. 학력, 능력 면에서는 큰 차이가 없어 보인다. A라는 사람은 하는 일마다 무난하게 좋은 결과를 만들어낸다. 인간관계도 좋은 편이며 만나는 사람들과 우호적인 관계를 맺는다. A는 누구보다 열심히 살고,

만나는 사람마다 그의 열정을 칭찬한다. 때로는 전혀 생각하지도 못하던 엄청난 기회가 주변인들을 통해 만들어진다. B는 열심히 살지만 노력만큼 일이 잘 풀리지 않는다. 열심히 일하지만 오히려 그런 열심히 하는 모습은 동료들에게 눈엣가시로 비친다. 누구보다 많이 일하고 열심히 벌지만 좀처럼 돈이 모이지 않는다. 남들은 좀처럼 겪지 않는 세상 드문 사기를 당하기도 한다. 세상에 B를 위한 운 같은 것은 존재하지 않는 것 같다.

선택할 수 있다면 당신은 어떤 인생을 선택하겠는가? 모두가 A를 선택할 것이다. A와 B는 같은 사람이다. B는 20대 후반까지의 나다. B는 30대부터의 나다.

같은 사람이지만 어떻게 이렇게 다른 삶을 살 수 있을까? 나는 모든 원인이 나에게 있었음을 알게 되었다. A와 B는 다른 생각을 하고 다른 태도를 가진 사람이다. 20대의 나는 어리석은 판단으로 잘못된 결정을 많이 했다. 나는 겉으로는 밝은 사람이었으나, 마음속에는 늘 부정적인 생각과 두려움이 있었다. 또 부채와 같은 인간관계에 시간과 노력을 낭비했다.

우리는 짧은 인생이라는 제한된 시간을 살아간다. 그 시간을 얼마나 좋은 생각, 좋은 의사 결정, 좋은 시간, 의미 있는 관계, 의미 있는 노력으로 채우느냐에 따라 삶은 달라진다.

공부와 다이어트의 공통점이 있다. 바로 정체성과 습관이다. 사실, 좋은 습관과 나쁜 습관 모두 그 사람이 가지고 있는 정체성에 따른다. 『아주 작은 습관의 힘』에서 제임스 클리어는 사람을 움직이는 가장 큰 비밀이 정체성이라고 했다. "행동의 변화는 결과 변화, 과정 변화, 정체성 변화의 세 가지 층으로 이루어져 있다. 결과는 우리가 얻어낸 것이며, 과정은 우리가 해나가는 것이다. 그리고 정체성은 우리가 믿고 있는 것이다." 결국 내가 믿고 있는 믿음이 세부 행동 지침을 정한다. 그에 따른 시간과 노력의 우선순위가 정해진다. 그리고 정체성에 따른 과정을 수행함으로써 결과라는 최종 목표를 이루게 되는 것이다.

장기적으로 봤을 때 좋은 점수만을 목표로 하는 아이보다 자신에 대한 긍정적인 자아상과 정체성을 가지고 있는 아이가 좋은 성적을 유지할 가능성이 높다. '나는 성장하는 사람이다.'라는 정체성을 가질 때 어려운 과정들을 극복할 수 있다. 단순히 숫자상의 결과만을 목표로 한다면 성적이 나오지 않거나 슬럼프를 만났을 때 극복하기 어렵다. 원하는 것을 얻지 못했을 때 지속할 수 있는 동력이 사라진다. 반면, 자신에 대한 긍정적인 정체성을 가지고 있는 아이들은 결과와 상관없이 꾸준함을 지속할 수 있다. 점수만을 목표로 하는 경우 운으로 좋은 성적을 얻게 된다면 치명적인 독이 될 수 있다. 자신의 과정을 객관적으로 바라볼 수 없기 때문에 이것을 실력으로 믿는다. 그러나 운은 지속되지 않는다.

다이어트에 성공하는 경우 역시 자신의 정체성을 건강한 사람으로 바꾼 사람들이다.

이것처럼 우리가 원하는 모습이 있다면 먼저 우리의 정체성부터 바꿔야 한다. 당신이 살고 싶은 삶의 모습, 원하는 자신의 모습부터 명확하게 정의해보자. 자신이 원하는 것을 모른다면 결코 그것을 얻을 수 없다. 마치 허공에 화살을 쏘고 명중을 바라는 것과 마찬가지다.

당신의 정체성에 의해 반복되는 행동으로 만들어지는 것이 습관이다. 처음에는 당신이 습관을 만들지만 결국 습관이 당신의 삶을 만든다. 풍요롭고, 자유롭고, 행복한 삶을 얻기 위해 시간과 노력을 투자해서 보살펴야 하는 7가지에 대해 이야기하겠다.

첫째, 시간이다. 부자와 가난한 사람 모두에게 공평하게 주어지는 자원은 시간이다. 모든 것들은 자산과 부채로 구분할 수 있다. 부자들은 시간을 가장 귀하게 여긴다. 그들은 함부로 시간을 내주지 않는다. 반면, 가난한 사람들은 시간을 귀하게 여기지 않는다.

많은 사람들이 책 읽을 시간은 없지만 지인들 만나서 커피 마실 시간은 있다. 같은 커피 한잔을 마시지만, 시간의 가치는 다르다. 같은 부자라 할지라도 시간을 어떻게 보내느냐에 따라 이후의 삶은 달라진다. 계속 부를 유지할 수도 있고, 부를 유지하지 못할 수도 있다. 당신의 시간을 자산 같은 시간으로 만들지, 부채 같은 시간으로 만들지는 당신의 선택이다.

둘째, 비용이다. 당신에게 돈이란 무엇인가? 돈은 우리에게 여러 가지 편리성을 준다. 당신이 어떤 사람인지는 당신의 시간과 비용의 지출이 말해준다. 아무리 돈을 많이 버는 부자라 해도 수입보다 더 많은 비용을 지출한다면 결코 부자가 될 수 없다. 지출 내역을 살펴보자. 돈이 가는 곳에 당신의 마음도 있다. 약간의 추가 수입을 위해 당장 부업에 뛰어들 수도 있다. 그러나 더 중요한 것은 장기적인 안목으로 자신의 가치를 높이는 것이다. 더 나은 미래를 원한다면 시간과 비용을 나에게 먼저 투자해야 한다. 소득의 일정 금액을 정해놓고 나를 위해 투자하자. 돈은 미래의 부를 위한 씨앗이다. 씨앗을 심고 가꿔야만 열매를 얻을 수 있다. 매월 소득의 50% 이상은 투자를 위한 저축, 소득의 10%~20%는 나 자신을 위해 반드시 재투자하자. 그리고 소득의 일정 금액은 다른 사람과 나누기 위한 비용으로 정해두자. 우리 아이가 살기 좋은 세상이 되려면 모두가 함께 잘 사는 세상이 되어야 한다. 창의적인 아이디어는 반복되는 도전과 실패로부터 나온다. 그러기 위해 실패할 자유를 허락받아야 한다. 누구나 기본 생계에 대해 보장받을 수 있어야 한다. 기본적인 생계를 해결하지 못한 상태로 창의적일 수 없다. 그러니 적은 금액이라도 도움이 필요한 누군가와 나눠야 한다.

셋째, 인간관계다. 당신이 함께하는 사람의 평균 5명이 당신이라는 이야기를 들어본 적이 있는가? 당신의 주변 5인은 꿈과 목표가 있는 미래 지향적인 사람들인가? 혹은 만날 때마다 당신이 위로해야 하는 부채 같은 사람인가? 자신이 필요할 때만 연락을 하지는 않는가? 만약 당신의 주변인 중 부채 같은 사람이 있다면 작별해야 한다. 혹은 내가 부채 같은 사람은 아닌지 진지하게 생각해봐야 한다. 『기브 앤 테이크』의 애덤 그랜트에 의하면, 가장 부자인 사람들도, 가장 가난한 사람들도 모두 기버(giver)들이다. 기버(giver)로 타인에게 가치를 주는 사람으로 사는 것은 의미 있는 일이다. 그러나 좋은 사람이 되기 위해 자신보다 타인을 먼저 배려하는 것은 어리석은 일이다. 투자 중 절적하게 손절로 큰 손실을 막아야 하듯, 인간관계도 적절한 손절이 필요하다. 테이커(taker)는 손절하자.

넷째, 건강이다. 만약, 건강과 돈 중 선택할 수 있다면 무엇을 선택하겠는가? 대부분의 사람들은 당연히 건강이라고 답변한다. 그러나 답변과 달리 실제로는 돈을 벌기 위해 시간과 노력을 더 많이 쓴다. 가족을 위해서라고 말하지만 건강을 잃을 경우 가족이 겪을 고통은 훨씬 더 크다. 건강은 잃기 전까지 소중함을 알지 못한다. 건강을 잃으면 모든 것을 잃는다.

건강을 보살피는 가장 저렴하고 현명한 방법은 잃기 전에 지키는 것이다. 세계적인 강연가이자, 베스트셀러 저자인 브라이언 트레이시는 『백만 불짜리 습관』에서 건강한 습관의 중요성을 강조한다. 그는 건강한 사람들의 식습관, 수면 습관, 사고 습관을 강조했다. 그 중, 건강한 음식을 섭취하고 매일 비타민과 미네랄을 섭취하는 것이 가장 중요한 건강 습관이라고 명시했다. 현대인의 식단에서는 최상의 건강을 위한 비타민과 미네랄을 충분하게 섭취할 수 없기 때문에 건강을 위해 충분한 양을 보충하는 것이 필요하다고 했다. 또한, 최상의 컨디션을 유지하기 위해 하루에 7~8시간의 수면을 권장했다. 끝으로, 건강을 위해 낙관론자가 되어 긍정적인 태도를 가지라고 조언했다. 좋은 습관으로 몸과 마음이 건강하고 활기 넘치는 자신을 만들어갈 수 있다.

다섯째, 돈 공부다. 살면서 가장 중요하지만 그 어디에서도 배울 수 없는 것이 돈에 대한 지식이다. 자본주의 세상에서 돈에 대해 공부하지 않고 생존할 수 없다.

우리나라뿐만 아니라 자본주의 사회는 돈에 대해 이야기하는 것을 금기시하는 문화가 있다. 사회 구성원들을 자본주의 시스템을 이루는 구성원으로 만들기 위함이다. 그러나 돈에 대해 모르는 채로 자본주의 세상에서 잘 사는 것은, 아니 생존하는 것은 불가능하다.

이 시대의 사람들은 현재의 삶을 소중하게 여긴다. 현재에 충실하며 원하는 것을 즉시 실행한다. 그러나 소비를 한다고 나의 가치가 올라가는 것은 아니다. 삶에 대한 올바른 목적과 방향성, 좋은 소비 습관을 가진 사람으로 자라도록 어린 시절부터 적절한 교육이 필요하다.

여섯째, 가족 관계다. 가장 이상적인 관계는 독립적으로 각자가 자신의 삶을 사는 것이다. 그러나 때로는 가족 관계로 크게 고통 받는 경우도 있다. 성인이 된 이후에는 각자 자신의 삶을 꾸려가는 것이 바람직하다. 이것은 당신과 당신의 자녀의 관계에 있어서도 마찬가지다. 그런 독립적인 태도를 갖추기 위해 자라는 동안 정신적으로, 경제적으로 독립적인 아이로 키워야 한다. 자신의 일을 선택하고, 책임지는, 주도적인 아이로 자라도록 하자.

다만 지원해야 하는 대상이 부모라면 당신이 가능한 수준의 경제적 지원을 하자. 후회 없는 당신의 인생을 위해 할 수 있는 최선을 다하자. 그리고 돈보다 중요한 것은 함께 시간을 보내는 일이다. 노년에 가장 어려운 일은 경제적 곤궁함과 정신적인 외로움이다.

일곱째, 생각이다. 삶에서 좋은 의사 결정을 내리기 위해서는 좋은 생각, 올바른 기준을 가지고 있어야 한다. 오랜 시간 반복해서 했던 생각들이 내가 된다. 우리는 의식 아닌 무의식에 따라 살아간다. 좋은 삶을 살기 위해서는 좋은 생각을 할 수 있어야 한다.

외부로 드러나는 행동들은 나의 생각의 결과다. 삶은 내 믿음만큼의 삶을 살게 한다. 나의 믿음을 넘어선 사람이 될 수 없다. 나에 대한 믿음을 키우고, 좋은 생각을 키우고 가꾸자.

긍정적인 생각을 유지하는 일은 많은 노력을 필요로 한다. 잡초를 제거하듯 나쁜 생각을 제거하고, 정원을 가꾸듯 좋은 생각을 심고 가꿔야 한다. 긍정적인 사고를 위해 좋은 책을 읽으며 꾸준하게 생각을 가꾸자. 책을 읽고 행동하며, 내가 하는 생각과 행동들을 기록하자.

**인생을 바꾸는 질문**

1. 자산이 되는 7가지 투자 중 현재 내가 잘하고 있는 부분, 취약한 부분은 무엇인가?

_____

_____

2. 나에게 부채 같은 시간은 없는가? 있다면 어떻게 바꿀 수 있을까?

_____

_____

3. 더 좋은 삶을 위해 앞으로 노력해야 할 부분은 무엇이고, 어떻게 바꿀 수 있을까?

_____

_____

# 인풋(input) 말고 아웃풋(output) 공부를 하라

"처음에는 책 내용이 어려웠는데, 다른 사람들의 이야기를 듣다 보니 이해도 더 잘되고 저의 생각과 다른 생각을 들을 수 있어서 재미있었어요." -1학년 이○연

"다른 사람들과 생각을 나누는 것이 좋았고, 제 생각을 말할 수 있는 기회가 좋았어요." -2학년 전○우

"경제에 대해 많이 배우고 생각할 수 있어서 좋았어요." -1학년 이○준

"다른 사람과 토론을 할 수 있어 좋았고, 돈을 버는 방법과 관리하는

방법에 대해 알 수 있어서 좋았어요." -3학년 오○경

"다른 사람들에게 내 생각을 말할 수 있어서 자신감을 기를 수 있었어요." -3학년 전○우

나는 『부자 아빠 가난한 아빠』라는 책을 약 2개월 동안 'CF Care'에서 중등부 아이들과 함께 읽었다. 책을 마무리하며 아이들에게 소감을 묻는 인터뷰를 실시했다. 대부분의 아이들은 다른 사람과 생각을 나누는 것을 독서 토론의 가장 큰 장점으로 꼽았다. 다른 사람의 이야기를 들으며 새로운 배움과 관점을 추가할 수 있다. 전문가들이 말하는 독서 토론의 장점도 자신의 생각을 표현하며, 새로운 생각들을 얻을 수 있다는 것이다.

나는 코로나 기간 동안 새로운 습관들을 얻었다. 루틴을 다잡기 위해 새벽 기상을 시작했다. 그리고 온라인으로 처음 독서 토론을 경험하게 되었다. 오래도록 독서 토론에 참여해보고 싶었으나 평일 시간을 맞추기가 어려웠다. 그런데 코로나 덕분에 오히려 가능해졌다.

나는 '꿈꾸는 공부방'이라는 이름으로 함께 새벽기상을 할 팀원들을 온라인으로 모집했다. 매일 아침 6시에 함께 줌(zoom)을 켜고 책을 읽으며 하루를 시작했다. 매월 1회 각자 읽었던 책을 소개하는 방식으로 독서 토론을 했다. 그렇게 온라인은 새로운 배움의 장소가 되어주었다. 나아

가 매일 나에 대해 탐구하기 위해 매일 하나의 주제에 대해 글쓰기를 하는 '행부자 프로젝트'라는 글쓰기 프로젝트를 운영했다. 행부자는 '행복한 부자'의 줄임말이다. 이 새벽 기상과 독서 토론, 글쓰기 모임을 통해 나는 세 가지를 배웠다. 첫째, 새로운 사람을 통해 새로운 관점을 얻는다. 둘째, 다양한 분야의 사람들과 생각을 나누며 사고를 확장할 수 있다. 셋째, 인풋 공부에 더해 아웃풋 공부를 할 때 지식은 더 가치 있다.

나 역시도 '피독'이라는 독서 토론에 1년 넘게 참여하고 있다. 그 독서 토론은 경제, 인문학, 리더십, 의식 등 정말 굉장히 많은 종류의 책을 다룬다. 매주 다른 책을 다루기 때문에 1년이면 약 50권 이상의 책을 읽게 된다. 나는 전에도 독서를 많이 하던 사람이었으나 나의 독서 장르는 '자기계발'로 매우 한정적이었다. 이전에는 책 한 권을 완독해야 한다고 생각했으나, '피독'에서는 '발췌독'을 한다. 책의 일부분을 읽고 해당 부분에 대해 나의 생각을 정리하고 주어진 시간 안에 의견을 나눈다. 우리는 책 한 권을 사면 문제집 풀 듯, 끝까지 다 읽어야 한다고 생각한다. 일정 수준 이상 독서 숙련자라면, 목차를 먼저 살펴본 후 나에게 도움이 되는 내용을 발췌해서 읽는 '발췌독'을 할 수 있다.

이 독서 모임에는 정말 다양한 직종의 사람들과 함께한다. 다양한 직업과 경험을 가진 사람들을 만나다 보면 내가 직접 경험하지 못한 세상을 간접적으로 경험하게 된다. 그리고 새로운 관점과 아이디어들을 얻게 된다. 무엇보다 다양한 사람들의 생각을 배우는 것이 가장 큰 수확이다. 다양한 장르의 독서와 다양한 직종의 사람들을 만나는 일은 나의 삶과 우리 아이들이 살고 있는 세상을 재해석하도록 했다. 또한, 독서 후 글쓰기와 말하기로 아웃풋 활동을 하는 것은 책 속의 지식을 삶의 지혜로 바꿔준다.

우리 학원의 아이들은 기간 대비 뛰어난 영어 실력을 갖춘다. 특히 스피킹과 문법에서 특화되어 있다. 그 이유는 배운 것은 반드시 아웃풋 활동으로 마무리하도록 하기 때문이다.

나는 내가 해외 유학 없이 영어 실력을 향상시킨 방식으로 아이들이 훈련하도록 했다. 나는 영어 실력이 점프 업 된 세 번의 시기가 있었다. 어학원 취업과 대학원 입학을 위한 영어 인터뷰, 대학원 재학 중 발표 수업 덕분이다. 이 세 번의 공통점은 엄청난 아웃풋이었다.

S 어학원 면접을 준비하던 당시 나는 이제 막 영어를 배우기 시작한 6개월 차 초보자였다. 원어민과의 1:1 인터뷰를 통과해야만 했다. 나는 100문 100답을 영어로 준비했다. 내가 작성한 스크립트를 들고 다니며, 암기하고 수도 없이 반복했다. 대학원 면접에도 영어 인터뷰가 있었다. 이번에는 100개의 질문을 스스로 노트북에 녹음했다. 각 질문에 대한 답

변을 스크립트 작성 후 암기했다. 녹음한 파일을 들으며 스스로 질문에 답하며 녹음해서 셀프 피드백을 했다. 덕분에 대학원에서 질문 받았던 인터뷰 내용은 상대적으로 쉽게 느껴졌다. 두 개의 질문이 아직도 기억난다. "추석에 주로 무엇을 하는가?"와 "대학 교육의 목적은 무엇인가?"였다. 첫 번째 질문은 일상적인 내용이기 때문에 쉽게 답변했다. 두 번째 질문은 놀랍게도 나의 예상 문제에 있던 질문이었다. 역시 어렵지 않게 답변할 수 있었다.

그리고 대학원 재학 중에는 많은 영어 발표가 있었다. 이때도 미리 스크립트를 준비했다. 스크립트 암기 후 강의실에 가서 사전 리허설을 최소 5~10회 이상 했다. 준비하는 동안 나의 영어 실력은 엄청나게 늘었다. 영어 실력을 늘려주는 최고의 방법은 양질의 인풋 후, 아웃풋 하는 것이다. 한 번이라도 내가 말해본 문장은 온전히 내 것이 된다. 이것은 영어 공부뿐만 아니라 삶에서 공부도 마찬가지다. 인풋이 아닌 아웃풋 공부를 해야 삶이 달라진다.


세상 모든 것은 인풋과 아웃풋으로 이루어졌다. 학생은 시간과 노력을 투입하여 성적이라는 결과를 얻고, 기업은 비용과 노동력을 투입하여 이윤을 얻는다. 언어적인 관점을 본다면 인풋과 아웃풋의 기회를 고르게 가져야 영어 실력의 향상을 기대할 수 있다.

공부의 방법에도 인풋 방식의 공부와 아웃풋 방식의 공부가 있다. 미국 NTL은 우리 두뇌에 기억되는 평균 기억 비율을 정리해서 학습 피라미드를 만들었다. 수동적인 교육 방법으로는 강의 듣기, 읽기, 시청각 수업 듣기가 해당된다. 능동적인 교육 방법은 집단 토론, 실제 해보기, 다른 사람 가르치기가 있다. 능동적인 교육 방법이 수동적인 교육 방법의 학습 효율에 비해 훨씬 더 높다. 즉, 인풋 공부보다 아웃풋 활동을 했을 때 훨씬 학습 효율이 높다.

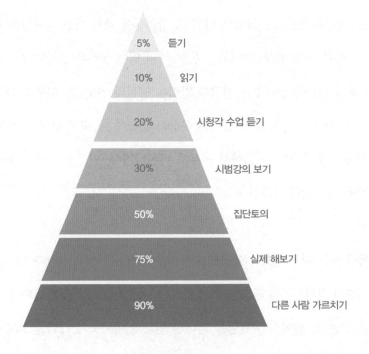

| 5% | 듣기 |
| 10% | 읽기 |
| 20% | 시청각 수업 듣기 |
| 30% | 시범강의 보기 |
| 50% | 집단토의 |
| 75% | 실제 해보기 |
| 90% | 다른 사람 가르치기 |

**[학습 효율 피라미드]**

책 한 권을 읽고 다음 날 내용이 얼마나 기억나는지 생각해보자. 그러나 읽은 내용을 친구에게 설명해준다거나, 북 리뷰 혹은 포스팅을 한다면 훨씬 더 기억나는 부분이 많아진다.

책을 읽고 잘 기억나지 않는 이유는 인풋 위주의 공부를 했기 때문이다. 책을 읽어도 삶이 달라지지 않는 이유는 책을 읽는 행위에 머물렀기 때문이다. 독서 이후 당신의 삶에 어떻게 적용할 수 있는지 생각하고, 무엇을 실행했는지, 무엇이 달라졌는지 반드시 기록해야 한다.

나는 독서 후, 주요 핵심 문장을 공책에 필사하고 내가 얻은 배움을 적는다. 해결하고 싶은 문제가 있다면 그 문제의 내용을 적는다. 그 일에서 내가 할 수 있는 최선의 방법과 최악의 시나리오를 상상해본다. 그리고 그것을 실행한 후 어떤 결과를 얻었는지 다른 색 펜으로 반드시 기록한다. 이후 비슷한 문제를 만난다면, 나는 나의 답안대로 문제를 해결할 수 있다.


책을 읽거나 교육을 받았다고, 그 자체로 돈을 버는 것은 아니다. 그것을 나의 비즈니스에 적용해서 상품 혹은 서비스를 개발해서 판매했을 때 수입으로 연결된다. 단 한 권의 책을 읽더라도 이렇게 나에게 적용할 포인트를 찾아서 반드시 실행해야 한다. 결국 당신의 삶에 새로운 가치를 만드는 것은 아웃풋 공부와 행동이다.

글을 쓴다는 것은 여러 가지 면에서 생산적인 활동이다. 첫째, 당신 자신의 성장 스토리를 가질 수 있다. 당신이 기록하는 모든 것들은 이후 당신의 자산이 될 것이다. 그리고 새로운 운과 기회를 만날 수 있다. 둘째, 당신이 기록하는 것은 당신의 정체성이다. 당신이 어떤 사람인지 설명하지 않아도 당신의 흔적들을 보면 당신을 알 수 있다. 셋째, 뇌의 가소성에 의해 당신은 점점 더 똑똑해질 것이다. 뇌의 가소성은 우리가 뇌를 많이 사용할수록 뇌의 효율성이 좋아지며, 뇌가 물리적으로도 해부학적으로도 변화한다는 것을 의미한다.

'MF Care'의 멤버들은 매주 독서 토론 후 읽은 책에 대한 리뷰와 매주 한 가지씩 주어지는 과제에 대해 블로그 포스팅을 한다. 'MF Care'를 시작할 당시, 자신의 생각을 표현해본 적이 없었기에 생각을 표현하는 것만으로도 어려웠다. 특히나, 글쓰기는 모두가 부담스럽고 어려운 일이었다. 그러나 공동 리더 두 명은 정식 출판을 한 작가가 되었다. 그리고 'MF Care'의 멤버들은 매주 블로그 글쓰기를 하고 있다. 그리고 멤버 중 한 명은 블로그로 수입을 내기 시작했다. 두려웠지만 함께 용기 있는 첫발을 내딛고, 자신만의 스토리를 만들고 있다.

두려움은 실체가 없고, 당신이 행동할 때 사라진다. 배움의 목적은 당신의 삶을 변화시키는 것이다. 아웃풋 공부로 오늘 당장 당신의 삶에 변화를 시작하자.

**인생을 바꾸는 질문**

---

1. 인풋 공부와 아웃풋 공부의 차이점은 무엇인지 적어보자.

_____

_____

2. 가장 효과적인 공부 방법은 무엇인가? 나의 공부 방법과 차이점을
적어보자.

_____

_____

3. 아웃풋 공부를 위해 오늘 당장 실천할 수 있는 것은 무엇인지 적어
보자.

_____

_____

4장

# 부의 추월차선으로 인도하는
# 6가지 부의 원칙

# 3단계 부의 확장
# 공식을 따르라

자본주의 사회에서 우리가 만들어낼 수 있는 3가지 종류의 소득이 있다. 근로소득, 사업소득, 재산소득 혹은 자본소득의 3가지를 주요 소득원으로 볼 수 있다.

근로소득이란 근로자가 고용계약이나 고용관계에 의하여 근로를 제공하고 받는 모든 대가를 가리킨다. 근로소득은 나의 시간과 노동력을 제공하는 조건으로 받는 대가다. 안정적인 금액이 꾸준하게 들어온다는 장점이 있다. 그러나 내가 움직여야만 발생되는 소득이다.

사업소득이란 개인이 계속적으로 행하는 사업에서 얻어지는 소득을 말한다. 일반적으로 사업이란 독립적인 지위에서 영리를 목적으로 계속, 반복적으로 행하는 사회적 활동을 의미한다. 과거에는 사업을 하려면 막대한 자본의 투입이 필요했으나, 인터넷의 발달로 무자본 혹은 소자본 창업도 가능하다. 내가 직접 일하지 않아도 소득을 낼 수 있는 장점이 있다.

자산소득은 부동산 · 주권 · 현금 등의 소유 자산에서 발생하는 임대소득 · 이자소득 · 배당소득 등을 말한다. 즉, 자산소득을 만들어내는 것은 이미 가지고 있는 자산이다. 돈이 돈을 만들어 내기 때문에 더 많은 돈을 가지고 있을수록 유리하다. 예를 들어, 자신의 돈을 누군가에게 빌려줘서 이자소득을 받을 수 있다. 혹은 토지나 건물, 주택 등을 빌려주고 이에 대한 임대료를 받을 수 있다. 은행 이자, 혹은 주식 펀드 배당금을 얻을 수 있다. 그 밖에 부가가치 혹은 이윤으로 전환될 수 있는 지식 자산이 있다. 지식이나 창의적인 아이디어로 만들어진 발명 특허, 상표 사용료, 노하우, 디자인, 출판, 저작권 등에 대하여 가치를 인정받고 권리를 갖는다. 이러한 지식이나 노하우를 기반으로 만들어지는 지식 자산으로 인해 발생되는 소득이 지식소득이다.

부자가 점점 더 부자가 되는 이유는 자산소득은 돈이 계속 돈을 만들어내기 때문이다. 2021년 한 온라인 영어 교육 서비스 업체가 전년 대비

500%를 훨씬 넘어 600%에 가까운 순이익을 기록해서 화제가 되었다. 본업의 영업 이익은 줄었지만 주식과 부동산 투자로 큰 이익을 얻었다. 근로소득으로 5~6배의 소득을 만들어낸다는 것은 불가능한 일이다.

소득을 확장할 수 있는 방법은 어떤 것이 있을까? 가장 쉽게 생각할 수 있는 방법은 현재 직장 생활에서 승진 혹은 이직이다. 그러나 그것은 내가 결정할 수 없다. 또한 소득을 높이는 데 한계가 있다. 그렇다면 현재 업무와 관련한 전문 지식을 기반으로 콘텐츠를 만들어보는 것도 좋은 방법이다. 대기업 취업에 성공한 경험이 있다면 이것을 나눈다거나, 해외 유학 없이 유창한 영어 실력을 얻었다면 이 방법을 나누는 것도 좋은 콘텐츠가 될 수 있다.

나는 회사에 취직하기 전 K 사이버 대학에 외래 교수로 제안을 받아서 강의 수입을 얻었다. 온라인 대학의 경우 시간에 구애받지 않고 강의를 할 수 있었다. 회사 규정상 겸직이 불가하다면 당신만의 지식이나 경험을 콘텐츠로 만들자. 블로그나 유튜브에 무료로 공급해보자. 〈재테크 하는 아내〉로 유명한 유튜버 구채희는 회사를 다니며 회사의 칼럼을 썼다고 한다. 회사의 칼럼이 인기를 끌자 자신의 개인 계정을 만들어 글을 쓰기 시작했다고 한다. 처음은 무료 공급이었지만 지금은 수많은 구독자를 가진 콘텐츠 공급자가 되었다. 강의를 하기도 한다. 무료 공급의 시작이 없었다면 새로운 비즈니스의 기회는 없었을 것이다.

사업소득은 어떻게 만들 수 있을까? 나만의 차별화된 지식 콘텐츠를 만들어 공급하기 시작했다면 당신은 이미 사업 준비를 시작한 것이다. 나의 지인 C씨는 회사를 다니며 사이버 대학에서 영어 교육을 전공했다. 시간 여건상 회사를 다니며 학원에서 티칭 경험을 쌓기 쉽지 않았다. 그래서 무료로 교육 봉사를 하며 경험을 쌓았다. 그녀는 지금 자신의 학원을 운영하는 원장이 되어 지역 내 성공 학원으로 입지를 단단히 하고 있다.

투잡으로 하는 사업으로 네이버의 스마트 스토어나 쿠팡 등의 판매를 많이 떠올린다. 혹은 퇴근 후 라이더로 배달을 하는 경우도 있다. 그러나 단순히 일시적인 수입을 올리기보다는 이후 나의 비즈니스로 연결할 수 있는 분야를 권한다. 자신이 잘 모르는 분야를 돈을 벌기 위해 시작하게 되면 시행착오와 수고로움이 발생된다. 단지 경험을 쌓기 위함이 아니라면, 당신이 잘 알고 있는 분야를 사업으로 연결해보는 것을 권한다. 실패 확률과 리스크를 줄여야 하니 큰 자본을 투자하지 않아야 한다. 시간을 채워야 성과를 낼 수 있다. 그러니 작게 시작해서 부담스럽지 않아야 오래 지속할 수 있다.

자산소득을 알아보자. 투자 시 가장 중요한 3대 요소는 안정성, 수익성, 환금성이다. 또한 투자의 수익률이 물가 상승률보다 높은 수익률을 낼 수 있는가를 따져봐야 한다.

2022년 7월 전년 대비 물가 상승률은 6%다. 코로나와 여러 외부 환경적인 요인으로 상당히 높은 물가 상승률을 보이고 있다. 1억의 돈을 부동산에 투자했을 경우 물가 상승률을 반영한다면 최소 6% 정도 상승한다. 1년 전 1억이던 부동산이 1년 후 1억 6백만 원이 되는 것이다. 이때 통장에 있는 현금 자산의 가치는 1년 전과 동일하다. 물가 상승률이 높은 시기에 현금을 보유하고 있다면 상대적으로 돈을 잃는 셈이다. 이때는 현금 보유보다 적절한 투자 방법을 찾아서 자산 가치를 높일 수 있는 안정적인 투자를 하는 것이 현명하다.

보통의 사람들이 가장 많이 생각하는 투자가 부동산과 주식이다. 이 둘은 비슷한 듯 전혀 다른 투자이다. 많은 투자 관련 책들이 주식과 부동산의 차이를 설명하고 있지만, 나에게는 『아기곰의 재테크 불변의 법칙』이라는 투자서에 소개된 비교가 가장 이해하기 쉬웠다.

주식은 적은 금액으로 누구나 비교적 손쉽게 시작할 수 있다. 뿐만 아니라 손쉽게 다시 현금화할 수 있다. 반면, 부동산은 상대적으로 많은 자본이 투입되어야 한다. 뿐만 아니라 환금성 면에서 시간이 오래 걸린다. 주식의 경우 매도 후 이틀이면 현금화할 수 있다. 반면, 부동산의 경우 계약 후 잔금을 치르기까지 최소 1~2개월 이상 소요된다. 빠른 현금화를 위해서는 현재 시세보다 낮은 가격으로 매도할 수밖에 없다. 주식은 환금성이 쉽기 때문에 단기 악재에도 쉽게 매도 결정을 한다. 단 며칠의 차이로 다시 시장의 흐름이 달라지는 경우를 어렵지 않게 볼 수 있다. 주식의 가격은 기업의 현재 가치뿐만 아니라 미래의 기대 가치를 포함하여 형성된다. 기대했던 미래 가치가 실현되지 않는다면 하루아침에 가격이 폭락하기도 한다. 반면, 상상을 초월하는 큰 수익률을 내는 경우도 있다. 유명 유튜브 채널을 통해 성공 사례들이 공개되면서 누구나 초대박의 꿈을 꾸기도 한다. 그러나 현실에서 주식으로 큰돈을 벌고 인생 역전을 한 이웃들을 만나기란 쉽지 않다.

부동산의 경우 주식에 비해 많은 투자금이 필요하다. 따라서 실현이익도 더 클 수 있다. 부동산 시장의 경우 모두가 어떤 형태로든 참여자가 된다. 전세 세입자의 경우 부동산 가격 상승으로 자산 가치가 상승한다 해도 아무런 이익을 얻을 수 없다. 주택 가격 상승장에서 전세 세입자는 감당해야 할 부담이 늘어날 뿐이다. 혹은 집값 상승률이 주춤한 시기라 해도 전세 수요가 늘어나면 전세 가격이 오르게 된다. 전세 보증금을 이용하여 무이자로 레버리지를 이용할 수도 있다. 주택 가격이 오르면 그에 맞춰 전세 가격을 올릴 수 있다. 또한 전세 가격을 올리면서 늘어난 자본금으로 추가적인 투자를 할 수도 있다. 물론 하락장에서는 가격 하락이 발생될 수 있다. 그러나 주택 가격이 떨어졌다면 그 주택에서 내가 거주하면 된다. 다만, 역 전세 리스크를 고려하여 안전한 수준으로 전세금을 관리해야 한다. 매월 현금 흐름을 원한다면 월세를 놓을 수 있다.

재테크나 투자 교육을 들으면 '평범한 회사원', '흙수저', '수십 억 부자'가 공통된 키워드다. 그러나 그들을 자세히 들여다보면 그들 중 누구도 평범한 사람은 없다. 그들은 재테크에 성공하기 전에 이미 대기업에서 탁월한 업무 성과를 내던 사람들이었다. 혹은 수십억의 빚이 있었다는 것은 자신의 비즈니스를 시도했기 때문에 생긴 것이다. 역시 평범한 사람은 아니라는 의미다. 결국, 그들 자체가 이미 평범한 사람은 아니었다는 것이다. 뿐만 아니라, 그들의 과정을 자세하게 살펴본다면 보통 사람들은 결코 상상할 수 없는 노력이다. 그러나 사람들은 결과만을 보고 막연히 따라 하면 나도 그렇게 될 것이라 생각한다.

아무리 좋은 정보라도 스스로 판단하는 힘이 없다면 주변의 소음에 휘청거릴 수밖에 없다. 부동산 혹은 주식 등 투자에 지출하기 전에 먼저 나 자신의 코어를 단단하게 해야 한다. 투자하고자 하는 관련 분야의 책 5~10권 정도는 반드시 읽고 철저하게 공부해야 한다.

『나는 부동산과 맞벌이 한다』의 너바나 작가가 유튜브 방송에서 공유했던 사례다. 사람들은 쉬운 길 혹은 한 방을 원한다. 그에게 와서 '입지 좋은 곳을 찍어 달라'고 부탁한다고 한다. 그는 돕고자 하는 마음에 지인들에게 좋은 입지의 아파트를 소개했다고 한다. 그 아파트는 당시 저평가되어 있던 곳이었고, 수도권 상승장 때 엄청난 상승을 기록했다고 했다. 그러나 자신이 소개했던 지인들은 1~2천만 원 정도의 시세 차익만을 남기고 모두 매도했다고 한다. 결국 가장 이익을 본 사람은 너바나 한 명뿐이었다. 기회는 누구에게나 온다. 그러나 '기회'를 알아보는 안목이 없다면, 누군가는 돈을 벌지만 누군가는 구경만 한다.

코로나 전까지는 학원 수입을 제외한 다른 수입의 필요성을 크게 느끼지 못했다. 그러나 하나의 수입에 의존하는 것이 얼마나 위험한 일인지 너무 절실히 겪었다. 현재는 학원을 제외한 몇 가지 추가 수입원을 가지고 있다. 그리고 나의 경험과 노하우를 담은 책, 강의, 코칭, 원고 집필 등을 통해 파이프라인을 지속적으로 확장해나가고 있다.

3단계 부의 확장 원칙에 따라 파이프라인을 확장시켜가자. 먼저 나 자신에게 투자한다. 그 후 나의 사업에 투자한다. 그리고 안정적인 현금 흐름이 만들어진다면 부동산에 투자한다. 진정한 자유는 일하지 않아도 소득이 들어오는, 부동산 혹은 시스템 수입에 있다. 다만, 먼저 자신의 분야에서 제대로 된 성과를 낸 후에야 비로소 단계별로 확장해갈 수 있다.

## 인생을 바꾸는 질문

---

1. 우리 가족의 주 수입원은 어떻게 되는가? 우리 가족의 파이프라인을 모두 적어보자.

_____

_____

2. 3단계 부의 확장 원칙은 어떻게 되는가? 난 어디에 속해 있는가?

_____

_____

3. 당신의 소득을 늘리기 위해 지금 당장 실행할 수 있는 방법 한 가지를 적어보자.

_____

_____

# 2

# 10배 더 크게
# 생각하라

시대를 앞서가는 혁신가들에게는 한 가지 공통점이 있다. 남들보다 압
도적으로 크게 생각하며, 훨씬 더 많은 시도와 실패를 통해 혁신을 만들
어냈다는 것이다. 대중들은 잘 알려진 성공 작품을 제외한 나머지는 알
지 못한다. 토머스 에디슨, 파블로 피카소, 아인슈타인은 모두 자신의 분
야에서 남들과 비교할 수 없이 압도적인 활동을 했다. 그들이 비교할 수
없는 탁월한 결과를 만들어낼 수 있던 것은 바로 그들이 시도했던 양의
결과다. "질은 양에서 나온다."라는 말이 있다. 꾸준하게 양이 쌓이면서
독보적인 결과가 만들어진 것이다. 남들과 비슷한 수준의 시도로는 남들

과 비슷한 결과를 얻을 뿐이다.

미국의 자수성가 부자이자 사업가, 투자자, 강연가인 그랜트 카돈은 그의 저서 『10배의 법칙』에서 다음과 같이 말한다. "당신이 무엇을 하느냐는 중요하지 않다. 당신이 그 누구도 하지 못하거나 따라 하지 못할 수준으로 즉각적이고, 일관되고, 끈기 있게 행동해 자신의 영역을 지배하겠다는 목표, 이것이 중요하다. 행동하라. 〈중략〉 사람들이 뭐라고 말하든 경쟁은 건강한 것이 아니다. 경쟁은 좀팽이나 하는 짓이다." 남들과 다른 다른 탁월한 결과를 만들어내고 싶다면 방법은 더 크게 생각하고 더 많이 시도하는 것뿐이다. 크게 생각한다는 것은 남들이 하는 수준을 넘어서는 일이다.

평범함을 넘어서는 생각이나 행동에 우리는 두려움을 느낀다. 실패에 대한 두려움, 다른 사람의 비난에 대한 두려움, 누군가의 관심에 대한 두려움 등… 우리가 느끼는 두려움의 종류는 셀 수 없이 많다. 우리의 뇌가 그렇게 프로그래밍 되어 있기 때문이다.

나와 나의 동생은 비슷한 시기에 다른 지역에서 각자 자신의 학원을 오픈했다. 과외를 오래 했던 나의 동생은 프랜차이즈의 취약 부분을 빠르게 파악했다. 그리고 현장 경험을 통해 아이들이 영어를 잘하지 못하는 이유를 철저하게 분석했다. 그리고 하나의 단일 과목이 아닌 영어는 6

개의 과목처럼 가르쳐야 한다고 했다. 그리고 우리는 이 6개의 영역을 고르게 향상시킬 수 있는 교수법과 시스템을 만들어서 완벽하게 보완했다. 강사가 바뀌었을 때 가장 편차가 큰 영역이 문법이다. 이 부분을 보완하기 위해 수백 편의 원장 직강 동영상을 찍었다.

지인 원장들과의 모임에서 우리 학원의 시스템을 들으면 모두 놀랐다. 어떤 원장은 시스템 사용 비용을 낼 테니 나의 동영상 강의를 사용하게 해달라고 말하기도 했다. 그러나 나는 우리 시스템의 가치를 그렇게 크게 보지 못했다. 강의 개발을 하느라고 수년 동안 어마어마한 시간과 노력을 쏟아 부었지만 그저 우리 학원의 원생들만을 위한 것이라고 생각했다.

그러던 어느 날 나는 네이버의 '학관노(학원 관리 노하우)'라는 학원장 커뮤니티를 통해 한 원장의 글을 읽었다. 원생의 규모는 크지만 강사 관리의 어려움과 큰 고정 비용 지출로 큰돈을 벌지 못한다는 스토리를 연재했다. 많은 원장들이 그 원장의 글에 공감하며 호응했다. 그 원장은 꾸준하게 자신의 이야기를 연재했다. 그 글을 읽는 동안 나는 놀라운 사실을 알게 되었다. 그 학원은 우리 지역의 유명 학원 중 한 곳이었다. 더욱 놀란 점은 그 학원의 학습 방식이 나의 동생이 최초 고안한 우리 학원의 수업 방식과 너무도 비슷했다는 것이다. 가장 놀란 순간은 그 원장이 가맹 사업을 시작한 순간이다. 많은 사람들이 그 사람의 어려움에 깊이 공감했다. 그렇기 때문에 오히려 비용을 낼 테니 사용할 수 있도록 해달라고 요청하기도 했다. 심지어 그 학원은 문법 동영상은 외부 강사의 강의를 사용하고 있었다. 그럼에도 불구하고 자신의 노하우를 사업으로 확장하겠다는 용기를 냈던 것이다. 그 후로도 그 원장의 비즈니스는 꾸준하게 성장 중이다.

나의 여동생은 문법 강의력이 정말 탁월했다. EBS 강사에 도전해보라는 권유를 받기도 했다. 스피킹부터 고등 입시까지 영어의 모든 영역을 고르게 잘 지도할 수 있는 사람이었다. 학원을 오픈한 후 현장 감각을 되찾기 위해 나 역시 그녀의 도움을 많이 받았다. 문법을 쉽게 설명하고 아이들의 이해도를 높이는 데 그녀의 역할이 컸다. 나는 사회에서 요구하는 스펙을 갖춘 사람이었다. 나는 대학원에서 영어 교재 개발학을 전공했다. 그리고 K 사이버 대학의 아동영어학과 겸임 교수로 강의를 하고 있었다. 외적인 조건으로는 부족함이 없었다. 무엇이 우리가 더 크게 성장하는 것을 막았을까? 첫째는 우리는 그 당시의 현재에 만족하고 있었다. 당시 나의 수입은 직장 생활을 하던 시절에 약 3배 가까운 수입이었다. 그렇기 때문에 새로운 일에 도전해야 할 필요를 느끼지 못했다. 둘째는 새로운 일에 도전하는 것에 대한 두려움이 있었다. 학원을 벗어난 새로운 사업에 도전하게 될 경우 새로운 어려움을 겪게 될 것이다. '내부 학부모들의 불만으로 학원 운영에 어려움이 생기지 않을까?'라는 막연한 두려움이 있었다.

학원이 자리 잡기 전까지는 두려운 일이 없었다. 무엇이든 도전하고 그 어떤 일에도 두렵지 않았다. 학원을 오픈하던 시절만 해도 나는 가진 것이 없었기에 잃을 것도 없었다. 그렇기에 그 어떤 도전도 두렵지 않았다. 아는 사람 한 명 없는 낯선 동네에 가서, 빚으로 시작한 학원이었다. 내가 두려워야 할 것은 학원이 안 되서 망하는 것뿐이었다. 그 외에는 무엇도 두렵지 않았다. 그리고 삶에서 내가 얻었던 많은 기회들은 무모해 보이던 도전으로 얻어진 감사한 기회들이었다. 자리가 사람을 만든다고 생각했다. 그 일을 할 수 있는 자격이 되는지에 대한 여부는 내가 판단하지 않았다. 만일, 자격이 부족하다면 노력으로 채우면 되는 일이었다. 기회가 없는 것이 문제였지 실력의 부족이 고민의 대상은 아니었다.

그러나 하나, 둘 손에 쥔 것들이 늘어나자 이것들을 내려놓고 싶지 않았다. 특히, 이제 겨우 얻은 경제적 여유를 잃고 다시 경제적으로 궁핍해지는 것이 두려웠다.


나는 학원을 오픈한 지 채 5년이 되지 않아 내가 꿈꾸던 것들을 모두 이루었다. 오래도록 꿈에 그리던 나의 집을 갖게 되었고, 빚으로 시작한 학원에서 나의 상가를 소유하게 되었다. 작은 텃밭을 가꾸며 세컨 하우스를 지을 수 있는 땅도 마련했다. 평생에 꿈꾸던 모든 것들이 다 이루어졌다. 나는 직업적 성취와 경제적 성취를 모두 이루었다. 내가 꿈꾸던 평생의 꿈을 모두 이뤘다고 생각했다. 그러나 사람의 꿈이란 그 사람의 직업적인 목표 혹은 경제적인 목표를 이룬 것을 의미하지 않는다. '어떤 사람이 되고 싶은지?', '어떤 삶을 살고 싶은지?', '무엇을 하고 싶은지?' 나의 삶에 대한 근본적인 고민을 해본 적이 없었다.

그때까지는 알지 못했다. 그동안 내가 설렘을 느끼며 행복할 수 있었던 것은 더 나아갈 곳이 있다는 '성장 목표' 덕분이었다는 사실을 말이다. 그러나 모든 꿈을 이루었다고 생각하니 손에 쥔 것들을 방어하기에 급급했다. 그야말로 나는 경비원처럼 살고 있었다.

학원을 오픈한 지 얼마 되지 않아 본사에 있을 때 함께 일하던 동갑내기 친구에게 연락이 왔다. 이 친구는 본사에 근무할 당시 잠깐 함께 근무한 동갑내기였다. 그리고 현재 내가 운영하는 학원을 나에게 소개해준 귀인이기도 했다. 친구는 본사 업무 중 '강사 관리' 업무를 맡게 되었다며 그녀와 함께 본사 강사로 활동해줄 것을 제안했다. 사실 너무 망설여졌다. 친구에게 입은 고마움을 갚을 수 있는 기회이기도 했고, 사실 나는 강의를 사랑한다. 그러나 당시 학원에 집중하기 위해 사이버 대학의 겸임 교수마저 내려놓았다. 나의 학원에 더 집중하기 위함이었다. 너무 미안했지만 나는 거절의 의사를 전했다. 내가 좋아하는 일을, 내가 고마움을 입은 사람에게 거절을 전하는 일은 참으로 힘든 일이었다. 그러나 나는 학원을 지키기 위해 그 밖의 모든 일들은 다 내려놓았다. 나는 하나만 알고 다른 것은 알지 못했다. 그 사람의 업무적 성취가 그 사람의 삶 자체가 되어서는 안 된다는 것을, 내가 성장하는 만큼 나의 학생들에게 더 많은 것들을 보여줄 수 있다는 것을 알지 못했다.

수업 중 한 학생이 자신은 평범한 삶을 살고 싶다고 했다. 그 이유는 부모님께서 "평범하게 사는 것이 좋은 것이다."라고 말씀하셨다고 했다. 그 말을 듣고 마음이 아팠다. 살면서 내가 원하지 않지만 평범하게 살게 될 가능성은 매우 높다. 평범하게 사는 것을 목표로 한다면 그에 미치지 못하는 삶을 살게 될 가능성이 높다. 어쩌면 그 평범한 삶의 목표는 쉽게 이룰 수 있을지도 모른다. 그러니 만족스러울지 모른다. 그러나 평범한 삶은 절대 평범하지 않다. 3~6개월쯤 월급을 받지 못한다고 생각해보자. 작은 위기에도 휘청거릴 수 있는 것이 평범한 삶이다. 코로나로 지역 내 많은 자영업자들이 문을 닫았다. 경제적인 어려움에 처했기 때문이다. 내가 아는 지인들도 그 시기에 영업장을 넘기거나 폐업을 했다.

많은 사람들이 평범하고 소박한 행복을 꿈꾼다. 삶은 쉽지 않다. 평범한 삶도, 크게 꿈꾸고 도전하는 삶도 만만치 않기는 마찬가지다. 어차피 쉽지 않은 삶이라면 남들과 경쟁까지 해야 하는 평범한 삶을 택할 이유는 없다. 무엇을 하든 절대 남들과 경쟁하지 마라.

부자와 평범한 사람들의 가장 큰 차이는 바로 사고방식의 차이다. 부자들이 더 크게 생각할 수 있는 이유는 자신에 대한 믿음이 있기 때문이다. 반면, 소박한 행복을 꿈꾸는 것은 큰 꿈을 이룰 자신이 없기 때문이다. 혹은 자신에 대한 잘못된 믿음 때문이다. 이들은 자신의 가능성을 믿지 못한다. 그래서 '현실적인 소박한 목표'를 갖는다.

사고방식의 차이는 더 나아가 행동의 차이를 만든다. 그리고 결국 결과의 차이를 만든다. 우리가 정말 두려워해야 하는 것은 언제라도 위기에 처할 수 있는 평범한 삶을 살게 되는 것이다. 삶은 언제나 우리가 원하는 것을 준다. 그러니 생각마저 소박하게 하지는 말자.


"할 수 있다고 믿어라. 당신이 진정 뭔가를 이룰 수 있다고 믿을 때 그 방법을 찾아낼 것이다. 해낼 수 있다는 믿음은 해결책을 찾을 길을 열어 준다."

─『크게 생각할수록 크게 이룬다』, 데이비드 슈워츠

## 인생을 바꾸는 질문

1. 내가 가지고 있던 아이디어를 다른 누군가가 사업화한 것을 본 적이 있는가?

_____

_____

2. 나는 크게 꿈꾸는 사람인가? 소박한 행복을 꿈꾸는 사람인가?

_____

_____

3. 우리가 10배 더 크게 생각해야 하는 이유는 무엇인가?

_____

_____

_____

# 하기 싫은 일,
# 두려운 일을 해라

나는 20대 후반 아이들을 가르치기 시작했다. 일이라고 느껴지지 않을 만큼 모든 것이 즐거웠다. 수업이 끝나고 학원에 남아 늦은 밤까지 아이들이 제출한 과제에 하나하나 코멘트를 다는 순간도 너무 행복했다. 그러나 너무 하기 싫은 일이 한 가지 있었다. 정확하게 말하면 두려운 일이다. 2개월에 한 번 진행되는 학부모 전화 상담이다.

당시 강사들은 수업만 전담하고 기타 업무는 모두 데스크 직원이 진행했다. 얼굴 한 번 보지 않은 낯선 학부모들과 소통해야 하는 일은 참으로 두려운 일이었다. 아이가 학습적으로 느리기라도 하면 그 사실을 어떻게 알려야 할지 너무 고민이 되었다. 혹시 '아이가 느리다는 사실을 알렸다가 학원을 그만두면 어떻게 하지?'라는 고민도 했었다. 당시 상담에 대한 매뉴얼이나 가이드라인은 전혀 없었다. 선배 강사들에게 조언을 구하거나 선배 강사들의 통화 내용을 어깨 너머로 배워서 따라 하곤 했었다.

그러다 Y사 관리 교사로 이직하면서 나의 상담 업무는 훨씬 더 증가했다. Y사는 학습 시스템이 체계적으로 잘되어 있었다. 관리 교사는 아이들의 습관 형성과 학부모 소통의 업무가 훨씬 더 중요했다. 나는 남의 집에 방문을 간다는 사실만으로도 두렵고 떨렸다. 벨을 누르기 전에는 나도 모르게 심호흡을 했었다.

관리 교사는 매주 수업 후 학부모를 만나야 했다. 사실 대부분의 어머니들은 우리 아이를 지도하는 선생님에게 매우 호의적이었다. 당시 나는 교육열이 높은 지역의 전문직 부모들의 자녀들의 수업을 많이 들어갔다. 의사, 학교 영어 선생님, 약사, 교수 등. 그분들 대부분은 자녀 교육에 관심이 많았다. 그러나 부모들의 기대를 충족하지 못하는 아이들도 많았다. 공부를 잘했던 부모를 둔 것이 그 아이들에게는 오히려 큰 부담감일 수도 있었다.

심지어 간혹 수업 참관을 희망하는 분들도 있었다. 어머니께서 지켜보는 상황에 수업을 하게 되면 아이도 교사인 나도 더 긴장하게 된다. 특히나 초보 교사 시절의 나는 발음 하나하나에 더 신경을 쓰고 긴장을 했었다. 간혹 아이가 느리거나 잘하지 못하면 이 상황을 어떻게 설명해야 할지 너무도 당황스러웠다. 사실, 어머니께서 아이가 느리다는 사실을 직접 확인할 수 있는 것은 오히려 잘된 일이었다. 올바른 목표 설정을 위해 정확한 진단이 우선이기 때문이다. 고민 끝에 조심스럽게 아이에 대해 느낀 점을 솔직하게 말씀 드렸다. 그리고 어머니의 욕심보다는 아이에게 맞춰 진도 진행을 하겠다고 말씀 드렸다. 이런 솔직한 태도에 오히려 신뢰를 얻게 되고 그 후로 더 이상 수업 참관을 하지 않으셨다. 까다로운 어머니들과 소통하면서 조금씩 상담 노하우가 쌓였다.

학원 비즈니스가 어려운 이유는 원장이 상담을 하고 어머니에게 학습에 관련된 내용을 약속한다. 학습에 비용은 어머니께서 지불하시고 약속은 원장이 한다. 그리고 실제 그 약속을 지켜주는 사람은 선생님과 학생이다. 돈 낸 사람과 약속한 사람, 공부하는 사람과 공부를 시키는 사람 등 여러 사람의 입장이 복잡하게 얽혀 있다. 결국 원장에게 가장 중요한 일은 유연하게 소통할 수 있는 힘. 결국, 상담력이다. 간혹 학습적으로 많이 느리거나 학습 태도가 좋지 않아 선생님 입장에서 힘든 아이들이 있다. 그런 경우 원장이 아이와 선생님 사이에서 적절한 타협점을 찾을 수 있도록 잘 조율해야 한다. 선생님의 욕심대로 학생을 끌고 간다면 견디지 못할 것이다. 학생의 의지만큼만 공부한다면 이번에는 어머니께서 불만족할 것이다. 모든 사람들의 입장에서 상황을 바라보며 균형점을 찾을 수 있어야 한다. 강사 시절 어렵고 두렵던 업무였던 상담은 학원을 성장시키는 핵심 역량이 되었다.

20대를 거쳐 30대에 이르기까지 아이들을 가르치는 동안 학부모 상담은 나에게 가장 어렵고 두려운 일이었다. 그러나 그 두려운 일은 내가 학원을 오픈하고 성장시키는 데 가장 큰 지원군이 되어주었다.

누구에게나 두렵거나 피하고 싶은 일이 있다. 두려움이란 실체가 없는 감정이다. 그 안으로 들어가서 확인하지 않는다면 상상 속에서 두려움은 점점 더 커진다. '이러면 어떻게 하지? 저러면 어떻게 하지?' 하는 두려움을 키울 뿐이다. 두려움을 없애는 유일한 방법은 그 일을 즉시 해버리는 것이다. 두려운 일을 하고 나면 스스로에게 자신감이 생긴다. 다음에 닥치는 두려운 일은 조금 더 용기 있게 할 수 있을 것이다. 두려움에 압도당하지 말고 그 두려운 일을 해치워버리자. 그 일을 해낸 자체만으로 당신은 더 큰 자신감과 믿음을 갖게 된다. 돈을 버는 순간은 당신이 두려움을 극복하고 그것을 당신의 강점으로 만드는 순간이다.

학원 오픈 전 신규 원장 교육에 갔다. 초반에는 홍보가 중요한데, 학교 앞 홍보를 나가서 전단지를 돌려야 한다는 것이다. 새로 오픈한 식당이나 전단지를 돌리는 것이라고 생각했는데 학원장에게도 홍보는 필수였다. 이미 학원을 위해 큰 빚을 내기까지 했기에 망설일 겨를이 없었다. 지하철 첫 차를 타고 집에서 나왔다. 아이들이 8시 30분쯤 등교를 하니 그 시간에 맞춰야 했다. 전단지를 주면 분명 받지 않을 것이고 길거리는 금세 쓰레기로 뒤덮일 것이다. 그래서 생각해낸 것이 간식과 함께 주는 것이었다. 대용량 마카롱 뻥튀기를 CD봉투 사이즈로 개별 포장해서 학원 스티커를 붙였다.

초록색 택배용 카트에 뻥튀기를 가득 싣고 학교 앞으로 갔다. 2,500세대 아파트 단지를 통과해서 약 1Km 가까이를 가야 했다. 나는 소음 방지가 안 된 카트가 그렇게 큰 소리를 낸다는 것을 처음 알았다. 초여름이라 베란다의 창문을 열어둔 집이 많았다. 소리가 얼마나 요란하던지 어서 이 길이 끝나기만을 바랐다.

학교 앞에 가서는 영어로 "Stand in line."을 외치며 영어로 간단한 대화를 나누고 준비한 뻥튀기 100개를 나눠주고 왔다. 그 뻥튀기를 받은 아이들 중 이후에 우리 학원에 상담을 와서 나를 기억하는 아이들이 있었다. 학원 오픈 전에는 상상도 할 수 없던 홍보를 하며, 나는 스스로 용기와 자신감을 얻었다. 햇빛으로 얼굴에 기미가 생기도록 열심히 홍보를 했다. 홀로 야시장에 나가서 전단을 돌리기도 했다.

그리고 인수 6개월 만에 처음 인수 당시 매출의 2배로 학원을 성장시

컸다. 물론, 전단지 때문에 학원이 성장한 것은 아니다. 나는 그 일을 하는 동안 그 어떤 일도 두렵지 않은 용기를 얻었다. 그리고 나의 기존 고객들은 나의 열정을 발견해주셨다. 스승의 날 선물과 함께 카드에 '열정적인 모습이 멋지다'고 감사한 말씀으로 용기를 주셨다. 그리고 학원을 운영하는 내내 나에게는 '열정'이라는 단어가 늘 함께했다.

인간은 본능적으로 자신이 잘 모르는 일, 해본 적 없는 일에 대해 두려움을 느낀다. 어렵다고 생각하는 일은 피하고 싶다. 특히 나의 인정 욕구에 손상을 주는 일, 예를 들면 누군가로부터 거절당하는 일은 피하고 싶다. '두려움'을 물리치는 것은 정말 어려운 일이다. 우리의 생존과 관련된 본능이기 때문이다. 그러나 나를 위한 이기적인 마음이 아닌, 타인을 돕고자 하는 마음으로 우리는 용기를 내야 한다.

나는 PCM이라는 경제 인문학 교육을 들으며 세일즈와 콜드콜이라는 기술을 배우고 있다. 콜드콜은 영업 방법 중의 하나로 니즈가 있는 고객들을 직접 찾아서 전화로 제품 혹은 서비스를 판매하는 방식이다. 영업은 대부분의 사람들이 어렵게 생각하는 영역이다. 콜드콜은 영업을 하는 사람들조차도 두렵게 생각하는 판매 방식이다. 거절에 대한 두려움 때문이다.

나는 10년 동안 학원장으로 찾아오는 고객들만을 만났다. 오픈 초기를 제외하고 밖에 나가서 홍보를 해야 할 이유가 없었다. 충분히 많은 고객들이 소개를 통해 찾아왔기 때문이다.

『마케팅이다』의 저자인 세스 고딘은 남들과 다른 차별화된 마케팅을 주장한다. 그는 "누구를 바꾸려 하는가?"를 선택해야 한다고 한다. 즉, 모두를 도울 수 없기에 우리가 돕고 싶은 대상을 먼저 선택해야 그 다음이 명확해진다는 것이다. 코로나와 함께 2년이 넘는 혼란을 겪으며, 나는 아이들이 더 좋은 삶을 살도록 도와야겠다고 생각했다. 그리고 변화의 시작은 어머니들을 먼저 변화시켜야 한다는 결론을 얻었다. 돕고자 하는 사람과 방향이 명확해지니 우리가 해야 할 일도 명확해졌다. 그리고 '어느 시장이어야 할까?'를 선택해야 했다. 세스 고딘은 나의 진정한 팬이 될 1,000명을 골라야 한다면 그들이 원하는 것과 믿는 것을 토대로 선택해야 한다고 한다. 나의 고객들은 심리 집단을 기준으로 해야 한다는 것이다.

세스 고딘은 마케터가 보여주는 메시지는 항상 약속의 형식을 진다고 한다. "X를 하면 Y를 얻는다."라는 식으로 말이다. "엄마의 생각을 바꾸고, 아이의 미래를 구하자!" 이것이 'MF Care'의 약속이다. 우리는 산업 사회의 부품으로 아이들이 희생당하기를 원하지 않는다. 세상이 강요하는 성공이 아닌, 나다운 성공으로 자신이 원하는 삶을 살기를 바란다.

사람은 어려운 결정을 할 때 성장한다는 것을 알고 있다. 멀쩡한 학원장이 콜드콜이라니? 이 아이디어는 나에게도 생소했다. 그러나 나는 타인을 위한 용기를 내고 있는 중이다. 나를 기다리는 고객들을 찾고 돕기 위해 콜드콜을 하고, 원장실 밖 진짜 세상으로 나간다.

이 책을 읽는 독자들 중 일부는 나와 '콜드콜'이라는 인연으로 만났을지도 모른다. 원장실에서 나를 필요로 하는 고객들을 기다리는 대신, 나를 필요로 하는 당신을 찾고 돕기 위해 나는 콜드콜을 했다. 이것이 나와 당신이 만나게 된 이유다.

그 어떤 두려운 일이라도 우리의 생명에 위협을 주지는 않는다. 자의식에 약간의 상처를 받을 뿐이다. 그러나 이 또한 당신이 누군가를 돕고자 하는 관점을 가진다면 다르게 해석할 수 있다. 똑같은 일상에서 벗어나 다양한 경험을 쌓자. 두려운 일을 해냈을 때 당신이 더욱 성장할 수 있음이 명백하다. 남들이 하지 않는 어려운 결정을 할 때 그 결정이 당신의 정체성이 되고, 당신은 그 행동을 통해 대체 불가능한 사람이 될 것이다.

## 인생을 바꾸는 질문

---

1. 과거에 두려움을 극복하고 좋은 결과를 만들어냈던 경험이 있는가? 있다면 적어보자.

_____

_____

2. 지금 당신이 가장 크게 두려움을 느끼는 일은 어떤 일인가?

_____

_____

3. 지금 두려움을 느끼는 일을 위해 할 수 있는 한 가지를 적어보자. 그 일을 오늘 해보자.

_____

_____

# 4

# 인맥은 위로
# 쌓아라

"원장님! 옆집 엄마가 왜 ○○이를 그냥 두냐고 난리예요. 수학 학원도 보내야 하고 경시 대회도 준비해야 하고 한다고요."

"○○ 어머니, 왜 그분 말을 들으세요? 아이들마다 상황이 달라요. 초등학교 3학년인데, 모든 아이들이 경시 대회에 나가야 하는 것은 아니에요."

아이 교육으로 고민이 많은 어머니와의 대화다. 초등학교 때 가장 중요한 것은 공부 습관을 만들고, 공부 그릇을 키우는 일이다. 글을 읽고 이해하는 능력이 부족한 경우 학습 능력의 저하로 이어진다. 초등 4학년까지는 독서, 공부 습관을 다지는 일이 훨씬 더 중요하다.

우리는 왜 이런 주변인들의 말에 흔들리는 것일까? 심지어 우리를 불안하게 하는 이들은 전문가도 아닌데 말이다. 우리 아이만 뒤떨어지는 것 같은 불안감을 느끼며 조급해진다. 우리 아이에게 모방 교육을 시키는 이유는 제대로 된 공부 목표와 나만의 관점이 없기 때문이다. 그래서 늘 주변의 소음에 흔들리고 불안하다. 부모가 주변 정보에 휘청거리며 잘못된 판단을 하는 동안, 아이는 온몸으로 고통을 겪어야 한다. 사람들은 익숙하고 편안함 감정을 선호한다. 비슷하거나 익숙한 것을 안전하고 좋은 것이라고 느낀다. 그래서 다른 사람도 자신과 비슷한 선택을 하길 바란다. 그러나 내 옆에 있는 그 사람은 전문가가 아니다. 중요한 의사결정을 할 때는 내 옆의 지인이 아닌 그 분야의 전문가를 만나야 한다.

"인맥을 위로 쌓으라."라는 개념은 그랜트 카돈의 『10배의 법칙』에 소개된 개념이다. 그는 성공을 위해서는 10배 더 큰 원대한 목표를 정하고 남들보다 10배 더 많이 행동하고 더 큰 결과를 내야 한다고 한다. 경쟁이 아닌, 압도적인 노력으로 독점을 해야 한다고 한다. 그의 비즈니스 방식은 압도적으로 많은 양을 쏟아붓는 것이다. 마케팅의 방식에서도 그는 자신의 원칙을 고수한다. 그는 인간관계에 대해 흥미로운 관점을 주장한다. "내게 결정권이 있었다면 '인간관계 위로 확장하기'를 학교에서 매년 배우는 기본 과정으로 만들었을 것이다. 성공한 사람은 자신보다 더 똑똑하고, 뛰어나고, 창의적인 사람이 주변에 있다고 늘 이야기한다." 성공한 사람 중 누구도 자신과 비슷한 수준의 사람과 교류하면서 성공했다고 말하지 않는다. 그러나 평범한 사람들은 자신과 생각하는 수준이 비슷한 혹은 자신보다 능력이 뛰어나지 않은 사람과 많은 시간을 보낸다. 그는 모든 인간관계에서 '위로 확장하기'를 습관으로 만들라고 주장한다. 나보다 더 뛰어난 사람, 나보다 더 좋은 인맥을 가지고 있으며, 교육 수준이 더 높고, 훨씬 더 큰 성공을 한 사람들과 관계를 맺으라고 한다. 절대 관계를 옆으로 혹은 아래로 확장해서는 안 된다고 한다.

"당신은 당신이 가장 많은 시간을 보내는 5명의 평균이다. (You're the average of the five people you spend most time with.)" 세계적인 강연가이자, 저자인 짐 론이 남긴 말이다. 인생의 모든 중요한 운과 기회는 사람을 통해 온다. 나의 경우에도 인생 역전의 기회들은 모두 사람을 통해 만들어졌다. 평범한 내가 명문대 사이버 대학의 겸임 교수로 강의를 할 수 있던 기회도, 생각보다 적은 예산으로 개인 학원을 시작할 수 있던 것도, 상가를 매수해서 건물주가 될 수 있던 것도 모두 귀인이 준 기회들이었다.

함께하는 동안 우리는 시간을 쓸 뿐만 아니라 생각과 에너지를 주고받는다. 가족은 내가 선택할 수 없지만, 그 외의 인간관계는 선택해서 만들 수 있다. 누구와 함께하며 시간을 보낼 것인가는 생각보다 매우 중요한 일이다. 많은 성공자들과 부자들은 인맥의 중요성을 강조한다. 모든 운과 기회가 사람을 통해 온다는 것을 알고 있기 때문이다.

만약 내 주변에 위로 쌓을 수 있는 인맥이 없다면 어떻게 해야 할까? 멘토로 만날 수 있는 사람이 없다면? 돈이 가지고 있는 가장 중요한 가치 중 하나가 이런 순간을 위한 것이다. 예를 들어, 자녀의 영어 성적을 올리고 싶은 사람이 우리 학원에 문의를 한다. 그 사람은 자녀의 성적 문제를 해결하고 싶다. 최선을 다해 상담하지만, 무료 상담을 통해서는 문제를 해결할 수 없다. 비용을 지불하고 우리 학원의 고객이 되어야만 문제 해결이 시작된다.

돈은 자신의 문제를 해결하고, 배움을 얻고 싶은 사람과 인맥을 쌓는 데 사용하는 것이다. 먼저 궁금한 분야의 책을 사서 읽을 수 있다. 그 작가들 중 가장 와 닿는 사람의 교육에 등록할 수 있다. 온라인 교육 혹은 오프라인 교육이 있다면 참석해보자. 자본주의 사회의 장점이다. 돈을 이용해서 누군가의 시간과 경험을 사고, 나의 시간과 비용을 아낄 수 있다.

나 역시도 내가 배움을 얻고 싶은 분야가 있다면, 책을 먼저 구입해서 읽는다. 그 후 온라인 교육에 등록해서 그들의 귀한 시간과 경험을 나의 돈과 바꾼다. 예를 들어, 블로그 글쓰기를 배우고 싶다면 먼저 블로그 글쓰기에 관련된 책들을 구입해서 읽어본다. 가장 신뢰가 가는 작가의 교육 과정을 알아본다. 그 후에 그 과정에 등록해서 직접 교육에 참여해본다. 모든 교육이 늘 만족스러운 것은 아니다. 책을 잘 쓴다고 교육을 잘하는 것은 아니다. 자신이 성과를 냈다고 교육생들이 반드시 성과를 낼 수 있는 것은 아니다. 누군가는 실질적인 도움을 주기도 하고, 누군가는 '저렇게는 하면 안 되겠구나.'라는 타산지석의 가르침을 준다. 그러나 분명한 사실은 교육에 비용을 지출하면서 나의 정체성 자체가 달라진다는 것이다.

『10배의 법칙』의 저자인 그랜트 카돈은 매해 10X 부트 캠프를 한다. 자신의 '10배의 법칙' 이론을 바탕으로 '어떻게 비즈니스를 성장시킬 것인지?'에 대한 내용을 주로 다룬다. 우리나라와의 시차 때문에 3일 밤을 새며 참여해야 했지만, 자수성가한 수 조원 자산가로부터 직접 교육을 받을 수 있는 기회는 흔하지 않았다. 그는 자신의 10X 부트 캠프에 교육생으로 참여했던 사람들과 협력하며, 서로의 비즈니스를 계속적으로 성장시킨다.

그랜트 카돈의 오프라인 교육에 참석하려면 교육 비용과 숙박, 항공료를 포함하여 최소 1천 만 원 이상의 비용이 발생된다. 코로나 기간에는 약 10만 원의 비용으로 그랜트 카돈의 10X 부트 캠프에 참여할 수 있었다. 이 교육은 나의 경제 선생님인 아이스 강 대표의 소개로 알게 된 것이다. 이런 교육이 있다는 사실 자체를 알지 못했으며, 영어권 교육을 들어볼 생각은 단 한 번도 해보지 못했다. 그러니 내가 누구와 함께하는가는 굉장히 중요한 일이다.

나의 삶이 바뀐 것은 책을 읽기 시작하면서부터다. 미래에 대한 두려움, 염려, 불안이 많던 내가 책을 읽고 생각을 바꾸면서 삶이 달라지기 시작했다. 삶에서 정말 중요한 것은 자기 자신에 대한 이해다. 그리고 명확한 목표다. 나에 대해 탐구하기 위해서는 혼자만의 시간이 필요하다. 좋은 답을 얻기 위해서는 좋은 질문이 필요하다. 나는 책 속의 저자들과 대화를 나누며 내가 원하는 삶에 대해 생각했다. 원하는 목표를 세우고 하나씩 실행해나갔다.

물론, 모든 순간이 순조로웠던 것은 아니었다. 좋을 때는 누구나 긍정적일 수 있다. 그러나 어려운 순간에 긍정적인 마음을 유지하는 것은 쉽게 되지 않는다. 그렇지만 힘들고 두려울수록 책을 읽으며, 마음을 다잡았다. 삶에서 역경을 만나는 순간이면 오히려 책으로 나를 위로했다. 책속의 저자들이 겪은 어려움을 읽으며 나 역시도 이 순간을 이겨낼 수 있다고 믿었다. 그리고 나의 상황을 객관적으로 글로 적었다. 그 상황에서 내가 할 수 있는 일을 했다. 책을 읽으며 나에게 힘을 주는 문구들을 필사하고, 그 여백에 나의 생각을 적었다.

결국 우리가 겪는 모든 문제들에 대한 답은 내 안에 있다. 두려움 때문에 보지 못하거나, 나에 대한 믿음 부족으로 행동하지 못할 뿐이다. 우리가 만약 지금 겪는 어려움이 자신의 어리석은 판단의 결과라면 그것만큼 아픈 것은 없을 것이다. "소 잃고 외양간 고친다."라는 말은 아프지만 사실이다. 실수를 통해 우리는 귀한 배움을 얻고 앞으로 나아간다.

나폴레온 힐은 『결국 당신은 이길 것이다』에서 "실패는 새로운 시작의 신호"라고 한다. 그는 "실패는 인간이 만들어낸 환경일세. 인간이 실패를 영원한 것으로 받아들이지 않는 한 실패는 결코 현실이 되지 않아."라고 말한다. 실패하지 않았다면 결코 배울 수 없었던 진실을 깨우쳐주므로, 역경을 통해 배우라고 한다. 현명한 사람은 실수를 통해 배운다. 어리석은 사람은 같은 실수를 반복한다. 그리고 늘 '운이 나빴다'고 변명한다.

살면서 우리가 겪는 문제 대부분은 누군가 겪었고 거기에 대한 답도 이미 존재한다. 직접 경험을 통해 배울 수도 있지만, 먼저 그 길을 가본 사람을 통해 실수와 시행착오를 줄일 수 있다. 사람이 살아가는 데 가장 큰 배움을 얻고, 실수를 줄일 수 있는 확실한 방법은 독서다.

먼저 분야별로 배우고 싶은 사람을 정해보자. 나는 비즈니스 영역에는 '10배의 법칙'을 만든 그랜트 카돈이 나의 멘토다. 그는 이미 평생을 써도 다 쓰지 못할 만큼 많은 돈을 벌었지만 누구보다 열심히 일한다. 그는 다른 사람을 돕는 사명감으로 일한다. 그는 자기 자신이 밑바닥에서부터 세일즈맨을 거쳐 10조 자산가가 되기까지 많은 어려움을 극복하며 자수성가를 했다. 그래서 그 평범한 사람들이 삶을 바꿀 수 있도록 진심으로 그들을 돕는다.

삶을 살아가는 방식에는 나의 경제 선생님 PCM 교육 아이스 강 대표가 나의 멘토다. 그는 좋아하는 일을 하며, 메신저로 행복하게 산다. 그는 삶에서 만나는 모든 일을 실험의 관점으로 바라보는 진정한 예술가다. 그는 타인에 대한 호기심과 동정심을 가지고, 고객의 변화와 성장에 집중한다. 그는 경제, 인문학, 심리 등에 삶에 대한 다양한 관점을 준다. 그를 만나면 누구나 변화하며, 자기 자신의 한계를 뛰어넘는 성장을 한다.

현재 비슷한 수준의 부를 가진 두 사람이 있다. 그들이 현재의 시간을 어떻게 보내느냐에 따라 미래에 얻게 될 잠재적 부의 가치와 삶의 질은 다르다. 그 사람의 정체성은 그가 보내는 시간과 지출하는 비용을 보면 알 수 있다. 삶의 질을 바꾸기 위해 먼저 내가 쓰는 시간의 질과 만나는 사람을 바꿔야 한다. 같은 목표를 가진 좋은 인간관계 안에 있을 때 우리는 함께 배우고 성장할 수 있다. 지금 내 주위를 둘러보자. 과연 나는 좋은 관계 안에 있는가?

## 인생을 바꾸는 질문

---

1. 인맥을 위로 쌓는다는 것은 어떤 의미인가?

_____

_____

2. 내가 가장 많은 시간을 보내는 5명은 누구인가? 그들에 대해 적어

보자.

_____

_____

3. 나의 시간의 질을 바꾸기 위해 당장 할 수 있는 일 한 가지를 적어

보자.

_____

_____

# 5

# 부자의 관점을
# 배워라

초보 원장이던 나는 정말 운이 좋았다. 낯선 지역의 학원을 인수해서, 6개월 만에 첫 매출의 2배가 되었다. 학원을 인수해서 가장 먼저 한 일은 보이지 않는 것들을 바로 잡는 일이었다. 곳곳에 쌓인 먼지들을 청소하고 아이들의 학습 습관을 바로 잡았다. 첫 몇 달은 홍보에 시간과 노력을 쓰기도 했다. 그러나 그보다 더 중요한 일은 기존 고객들의 만족도를 높이는 일이라고 생각했다. 그래서 나는 늘 재학생 우선으로 모든 의사 결정을 했다. 수업을 하지 않았지만, 신입생 상담은 예약제로 수업 전후로만 진행했다. 나에게도 퇴근 후 시간을 내야 하는 번거로운 일이었다. 그러나 가장 중요한 사람들은 기존 고객들이라고 생각했다.

업무 시간 중에는 학습 현황을 모니터링하기 때문에 학부모들과 소통할 시간이 없었다. 주말을 이용해서 학습 현황을 카톡 등으로 공유했다. 10년 전에는 영상을 보낼 수 있는 방법이 없었다. 카카오 스토리 혹은 유튜브 등에 영상을 업로드 한 후 링크를 공유하는 방식으로만 영상 공유가 가능했다. 그러다 보니 시간이 어마어마하게 걸렸다. 그리고 아이들의 단어, 문법 등의 학습을 위한 학습 자료를 만들기 위해 새벽 늦게까지 작업하기도 했다. 그런 일들은 학원의 매출과 직접 연관되는 일은 아니었다. 그러나 언제나 이익 없는 곳에 이익이 있는 법이었다. 보이지 않는 곳에서 했던 일들은 매출과 상관없는 일이었지만 원생이 빠르게 늘기 시작했다. 인수 6개월 차가 되자 처음 인수 시점 매출의 2배가 되었다.

나는 내가 사랑하는 일을 하고 있었다. 또한, 내가 원하던 소소한 경제적, 커리어상의 목표도 빠르게 이루었다. 빚으로 시작한 학원이었으나 곧 내 집이 생겼고 월세를 받을 수 있는 작은 상가도 마련했다. 어머니께 매월 용돈을 드릴 수 있는 여유가 생겨서 기쁘고 감사했다. 주말 농장을 가꿀 수 있는 작은 텃밭도 마련했다. K 사이버 대학에서 겸임 교수로 강의도 했다. 경제적인 목표와 커리어상의 목표를 모두 이루었다. 너무 쉽게 목표를 이루자 마음이 공허했다. 그러나 이미 가진 것들을 잃고 싶지 않아서 안전한 선택만을 했다.

그리고 갑자기 너무 큰돈을 벌자 불안했다. 수입이 늘어나는 만큼 더 많은 일을 해야 한다는 강박을 느꼈다. 매일 자정이 다 되어 퇴근하고, 주말에도 쉬지 못하고 출근하고 일을 했다. 강사들을 채용해서 수업을 하고 있었지만 모든 일을 파악하려다 보니 일이 눈덩이처럼 불어났다. 쉼 없이 몇 년을 계속 같은 패턴으로 일하다 보니 심한 번 아웃이 왔다. 원하던 모든 것을 이룬 정점에서 나는 전혀 행복하지 않았다. 번 아웃을 넘어 삶에 대한 회의감이 밀려왔다. 삶에는 물질적인 만족만으로 채워지지 않는 것들이 있다.

많은 성공자들은 말한다. 좋아하는 일을 하면 행복한 부자가 될 수 있다고. 좋아하는 일로 먹고살 수 있는 일은 엄청난 축복이었다. 그러나 그릇을 키우기 전에 내 그릇보다 더 많은 돈이 담기니 나는 균형을 잃었다. 나는 돈에 대한 두려움과 부정적인 생각을 가지고 있었다. 혹시 '돈을 많이 벌면 나쁜 일을 겪게 되지는 않을까?' 하는 두려움이 있었다. 돈을 버는 것에 대한 죄책감을 느끼기도 했다. 두려움은 현실로 나타났다. 나는 건강을 잃고 병원에 입원했다. 성공의 정점에 건강을 잃는다는 것은 모든 것을 다 잃을 수 있다는 의미다.

『부자의 그릇』에서 이즈미 마사토는 사람마다 다룰 수 있는 돈의 크기가 있다고 한다. 그 크기를 초과하는 돈이 들어오면 오히려 여유가 없어지고 제대로 된 판단을 할 수 없다고 한다. 평범한 사람이 뜻밖의 운으로 갑자기 큰돈을 벌 수도 있다. 그러나 준비되지 않은 사람이 큰돈을 벌거나, 돈을 다루는 능력이 부족하다면 그 운은 오히려 재앙이 될 수 있다.

행복한 부자가 되기 위해 부자들의 관점을 배우고, 나의 돈 그릇을 먼저 키워야 한다.

부모는 자식에게 가장 좋은 것을 주고 싶다. 자식들에게 물려주는 가장 중요한 것은 바로 습관이다. 부유한 부모들은 자녀에게 부자의 습관을 물려주고, 가난한 부모는 자녀들에게 가난한 습관을 물려준다고 한다. 톰 콜리와 마이클 야드니의『부자 습관 가난한 습관』에 의하면 삶의 많은 것들은 사고방식과 습관에 의해 결정된다고 한다. 부모는 자녀들에게 가장 중요한 멘토이자 롤 모델이다. 아이들은 일생에 거쳐 부모들의 사고방식과 습관을 배우게 된다. 그렇기 때문에 부유한 부모들은 의도적으로 아이들에게 좋은 부자의 습관을 가르친다고 한다. 그의 연구의 백만장자들은 대부분 부모에게 특정한 습관을 배웠다. 그들은 부모들에게 배운 좋은 습관을 바탕으로 행복하고 성공적인 삶을 이끌 수 있다. 예일대학교 교수인 니콜라스 크리스태키스(Nicolas Christakis)에 의하면 부유한 부모를 둔 자녀들은 "배움을 가치 있게 여기는 태도, 낙천적이며 긍정적인 관점, 자신의 삶을 창조하고 책임지는 태도, 꿈과 목표를 추구하는 태도 등"의 성공 습관을 부모로부터 배웠다고 한다. 반면, 가난한 사람들은 빈곤과, 불행한 삶을 사는 습관을 부모로부터 물려받는다고 한다. 우리 삶의 대부분은 우리의 습관으로 이루어진다. 습관이란 우리가 반복적으로 하는 행동이다.

지금 당장 부자가 될 수는 없지만 태도와 생각은 바꿀 수 있다. 의식적인 노력으로 좋은 습관을 만들 수 있다. 우리는 부자들에게 다음과 같은 태도와 관점을 배울 수 있다.

첫째, 사명감으로 일하고 더 많이 벌어라. 부자들은 누구보다 사명감을 가지고 더 많이 일한다. 그들은 돈을 위해 일하지 않는다. 그들은 세상을 바꾼다는 사명감으로 일한다. 보통 사람들의 법정 근로 시간이 주당 40시간이다. 포브스가 발표하는 『The Richest People In The World』 기준 세계 1위 부자인 일론 머스크는 주당 80시간을 일하는 워커홀릭으로 유명하다. 세상 누구보다 많은 돈을 가지고 있지만, 그는 여전히 많은 시간을 일한다.

보통의 사람들이 워라밸을 즐기고 싶은 이유는 먹고살기 위해 돈을 벌고 있기 때문이다. 혹은 지겨운 일을 하고 있기 때문에 퇴근 후 혹은 주말에는 일하고 싶지 않은 것이다. 지겨운 일을 하면서 성공하거나 큰돈을 벌기는 어렵다.

부자들의 공통점은 사명감으로 일한다는 것이다. 부자들은 다른 사람들의 시간과 비용을 아껴주고 문제를 해결해준다. 부자가 되고 싶다면 먼저 고객 문제 해결을 위해 최선을 다하고, 노력에 합당한 대가를 받아라. 자본주의 사회에서 소득은 '세상에 대한, 고객의 문제 해결에 대한 당신의 기여도'를 의미한다.

둘째, 교육의 결과가 부가 아닌, 부의 결과가 교육이다. 『안티프래질』의 저자 나심 니콜라스 탈레브가 그의 책에서 한 말이다. 우리는 많은 교육을 받으면, 많은 돈을 벌게 된다고 생각한다. 그래서 대학 교육과 전통적인 학위 취득에 많은 돈을 쓴다. 그러나 모든 교육의 결과가 반드시 돈으로 이어지는 것은 아니다. 사람들은 교육의 결과로 돈을 번다고 생각하지만 '교육'의 결과로 보장된 '부'는 없다. 그러나 모든 '부', 즉 돈을 버는 행위의 결과에는 반드시 '배움'이 뒤따른다. 돈을 벌기 위해서는 누군가의 문제를 해결해야 한다. 그 과정에서 상상력, 창의력과 문제 해결 능력이 필요하다. 삶을 풍요롭게 하는 것은 지식이 아닌 지혜다. 지혜는 삶의 경험을 통해서만 얻을 수 있다.

셋째, 돈에 대한 관점을 바꿔라. 우리는 돈에 대한 잘못된 믿음과 혼란스러운 정의를 가지고 있다. 돈을 원하지만 돈을 소유하는 것에 대해 부정적으로 생각하는 경우가 많다. 부자들을 부정적으로 생각하거나 돈이 많아지면 불행한 일을 겪을 것 같아 두렵다. 이런 부정적인 생각과 믿음은 우리가 자라는 동안 만들어진 '잘못된 믿음'이다. 부자들은 돈에 대해 순수하고 투명하다. 모든 돈을 감사하고 소중하게 대한다. 돈을 부정적으로 생각하거나 하찮게 대하는 사람의 그릇에는 돈이 채워지지 않는다.

나의 경우에는 돈에 대한 혼란스러운 정의와 두려움을 가지고 있었다. 그리고 그 두려움이 현실에 나타났다. 돈에 대한 올바른 정의와 긍정적인 태도로 돈의 중요성과 가치를 인정하자. 돈은 편리함과 자유를 준다. 돈은 소중한 사람들을 지켜주고, 삶의 가치들을 지켜준다.

넷째, 새로운 변동성을 겪어라. 사람은 누구나 삶의 안정성을 선호한다. 그렇기에 새로운 길을 개척하는 일은 소수의 사람만의 몫이다. 우리는 익숙한 것이 안전한 것이라고, 새로운 것은 위험하다고 생각한다. 리스크 없이는 돌아오는 이익도 없다. 도전 없이는 성장도 없다.

새로운 자극이 들어올 때 다르게 생각하고 행동한다. 나는 안전지대라고 생각하지만 세상이 변하면서 그곳은 안락 지대가 된다. 발전하지 않는 모든 것은 대자연의 법칙에 의해 자연 도태된다. 부자들은 살아남기 위해 끊임없이 혁신하고, 도전하고, 노력하고, 성장한다. 안정이야말로 진짜 위험한 것이다. 우리는 생존하고 성장하기 위해 끝없이 새로운 변동성을 겪어야 한다.

다섯째, 독서와 교육을 통해 배움의 정체성을 만들어라. 명확한 정체성을 가지고 있지 않다면 중요한 순간 혼란을 겪게 된다. 특히, 일관성 없는 부모의 가치관과 삶의 방향성은 아이들에게 큰 혼란을 준다. 삶을 바꾸고 싶다면 먼저 정체성을 바꾸고, 그에 맞는 행동들을 선택해야 한다. 혹은 이전과 다른 행동을 하며, 새로운 정체성을 만들어야 한다. 그리고 자신의 가치를 믿고 행동해야 한다. 혼자 하는 독서로 변하기 어려운 이유는 나의 생각에 갇혀 있기 때문이다. 어제와 같은 생각, 관점으로 해석하기 때문에, 책은 열심히 읽지만 삶은 달라지지 않는다. 그래서 다른 사람과 생각을 나누는 독서가 더 도움이 된다.

부모가 배움을 중요하게 생각한다면 자녀들에게 이런 태도는 대물림된다. 책을 가까이하고 책을 통해 배움을 지속하는 태도는 나만의 특별한 무기가 될 수 있다.

우리는 생각하며 산다고 생각하지만 사실은 습관대로 산다. 『역행자』에서 자청은 "정체성의 한계는 인간의 한계다."라고 말했다. 정체성의 한계는 그 사람의 능력의 한계, 성취의 한계이며, 삶의 한계이다. 당신의 새로운 정체성을 위해서는 독서를 통해 새로운 관점을 추가해야 한다. 습관을 만드는 가장 좋은 방법은 특정 환경 안에 들어가 몸에 익힐 때까지 새로운 방식으로 행동하는 것이다. 독서와 꾸준한 배움으로 성장하는 '성장형 라이프'를 살자.

## 인생을 바꾸는 질문

1. 내가 생각하는 '일'이란 무엇인가? '일'에 대한 나의 생각을 적어보자.

_____

_____

2. '부의 결과가 교육이다'는 무슨 의미인가? 나의 경험을 적어보자.

_____

_____

3. 내가 생각하는 나는 어떤 사람인가? 스스로 생각하는 나의 정체성을 적어보자.

_____

_____

6

# 위기 속 기회는
# 언제나 있다

코로나가 시작된 지 얼마 되지 않아 우리 건물에 확진자가 다녀갔다. 건물 내 4개의 학원들은 문을 닫아야 했다. 직감적으로 코로나는 금세 끝나지 않을 것 같았다. 나는 학원 문을 닫고 학생들 없는 학원으로 출근해서 이후 상황을 대비하기 시작했다. 초등부의 경우에는 학습 프로그램이 줌(zoom)과 호환이 잘되어 약간의 손품을 파니 문제가 없었다. 보통 학원들의 경우 문제가 되는 것이 개별 진도로 진행되는 중등부 수업이었다. 우리 학원의 경우 중등부 대비가 훨씬 더 쉬웠다. 이전부터 재학생 아이들의 학습 편의성을 위해 동영상 강의를 개발해두었기 때문이다. 덕분에 휴원과 온라인 줌 수업을 반복했지만 재원생 이탈 없이 코로나 기간 동안에도 모두 좋은 성적을 거두었다. 그러나 코로나 기간 중 학원 운영은 쉽지 않았다. 고정 비용은 그대로인데 반복되는 휴원 권고 혹은 집합 금지 명령으로 수입이 확 줄었다. 2020년 9월 11일자 뉴스핌의 기사에 따르면 서울 내 폐업 학원만 736곳이었다고 한다. 다른 업종의 경우에도 자영업 폐업률은 역대 최고치를 기록했다.

나폴레온 힐은 『결국 당신은 이길 것이다』에서 "역경은 이로움의 씨앗이다."라고 말했다. 모든 역경이 반드시 좋은 것은 아니다. 하지만 당신의 관점에 따라 역경은 뜻밖의 이로움을 줄 수 있다. 역경을 통해 사고를 확장할 수 있다면 뜻밖의 기회를 만날 수 있다.

나는 코로나 한 달 전 학원 이전으로 큰돈을 썼으나 코로나 기간 동안 수입은 확 줄었다. 나의 상황을 돌아봤다. 학원 이전과 인테리어로 큰돈을 지출했지만 상가는 나의 소유였다. 자영업자들에게 가장 큰 부담은 높은 임대료다. 이 시기에 나는 임대료에 대한 부담 없이 운영을 할 수 있었다. 코로나로 구인이 어려워 내가 일부 수업을 맡아서 했다. 또, 난생처음 돈에 대해 공부하기 시작했다. 처음으로 경제 교육에 비용을 투자를 했다. 그리고 코로나로 변하는 세상을 보며 아이들이 살아야 할 세상에 대해 고민했다. 대학을 졸업할 때까지 16년 동안 좋은 대학과 취업만이 인생의 전부라고 믿고 살아간다. 그러나 약간의 월급을 위해 대부분의 자유를 통제 당하며, 자유와는 거리가 먼 삶을 살아가는 것이 대부분 직장인들의 현실이다. 나 역시 그 동안 최선의 선택이라 믿었던 그 길을 처음으로 박스 밖에 나와서 생각해봤다. 세상이 정해준 그 성공 로드맵에 올라타기 위해 나 역시 많은 시간과 노력 그리고 돈을 썼다. 그러나 그 길은 정답이 아니었다. 그 박스 밖으로 나와서 시작하게 된 일이 학원이었다. 학위는 약간의 경제적 이익을 줬지만, 나를 부유하게 만들지 않았다. 만약 '그 학위를 위해 쏟는 시간과 노력 대신 다른 선택을 했다면 어땠을까?'를 생각해봤다.

경제관념이 없어서 내가 했던 잘못된 결정을 되돌아봤다. 수도권 집값이 상승하던 시기에 수도권의 집을 매도하고 지방으로 내려가지 않았을 것이다. 당시 수도권 집값이 오르고 있는데 지방으로 이사 가는 나를 걱정하며, 수도권의 집을 매수해야 한다고 지인이 조언했다. 당시 여력이 되었으나 실행하지 않았다. 수도권 아파트의 가치를 알지 못했기 때문이다.

빠르게 변하는 불확실한 시대에 하나의 수입에 기대어 사는 것은 위험한 일이다. 수입의 종류를 다양하게 가지고 있어야 한다. 근로소득, 사업소득, 자산소득 세 가지에서 다양한 수입원을 만들어야 한다. 특히 내가 일하지 않아도 수입이 들어오는 자동 수입원은 꼭 필요하다. 우선 소득이 감소한 만큼 철저하게 지출을 관리했다. 불필요한 연금과 보험을 모두 해지했다. 자가 상가에서 운영하는 학원이었지만 임대료 통장을 만들어서 나에게 임대료를 지불했다. 내가 먹는 영양제는 소개 활동을 통해 수입을 얻을 수 있었다. 그래서 나는 지인들에게 내가 먹는 제품을 소개했다. 그 결과 나는 돈을 지출하지 않고 건강을 지킬 수 있었다. 학원 매출은 반 가까이 줄었지만 통장의 잔고는 오히려 쌓이기 시작했다.

나의 삶을 돌아봤다. 자영업을 시작한 이후, 다른 일을 해본 일이 없었다. 다른 것들을 꿈꿔본 적도 없다. 그러나 직업적 성취나 경제적 성취가 내 인생의 목표는 아니다. 나는 나의 작은 학원을 이 세상의 전부인 듯 믿고 살았다. 그러는 사이 세상은 너무 빠르게 변했다. 나는 '나와 아이들 모두에게 도움이 되는 일이 무엇일까?'를 고민했다.

한때 영어를 잘하면 좋은 회사에 취업도 하고 좋은 대학에 입학하던 시기도 있었다. 세상이 바뀌었다. 영어 하나만으로 이전과 동일한 가치를 만들 수 없다. 또, 내가 돈에 대해 잘 몰라서 겪었던 시행착오와 손실을 내가 만나는 아이들만큼은 겪지 않았으면 했다. 살아가는 데 가장 필요한 것은 돈에 대한 이해다. 그러나 그 어디에서도 그것을 알려주는 곳이 없었다. 돈에 대해 잘 모르는 것은 부모들도 마찬가지였다. 소확행을 꿈꾸거나 평범한 게 좋은 것이라고 아이들에게 가르친다. 꿈을 꾸는 법보다 현실에 안주하는 법부터 배우는 아이들이 안타까웠다. 세상은 어차피 특별해질 수 없으니 소박하게 살아야 한다고 강요하는 것 같았다. 그래서 아이들과 학부모들에게 도움이 되는 경제 교육과 독서 토론 수업을 시작했다.

그리고 우리 아이들뿐만 아니라 더 많은 사람들에게 세상이 바뀌고 있다는 것을 알려야겠다고 생각했다. 그래서 책을 쓰기 시작했다. 책을 쓰는 것은 15년도 넘게 내가 꿈꾸던 일이다. 평생 바쁘다는 핑계로 엄두를 내지 못하던 일이다. 사람을 변화시키는 것은 그 사람의 정체성과 목적의식이다. 뚜렷한 목적의식이 생기자 행동할 수 있었다. 나는 학원 운영 10년 중 가장 바쁜 시간을 보내고 있다. 하루 종일 풀타임으로 수업을 진행하며, 일주일에 2회 2시간씩 경제 교육을 듣는다. 'MF Care' 학부모 독서 모임과 'CF Care' 학생 독서 모임을 이끈다. 뿐만 아니라 나 자신의 발전을 위해서도 매주 2시간씩 독서 토론에 참여한다. 이 독서 토론을 통해 다양한 관점을 얻고 삶에 대한 깊은 통찰을 얻는다. 그 외에 다양한 마케팅 교육, 의식 성장을 위한 오프라인 교육을 수시로 수강한다. 원고를 쓰느라 바쁘지만 제대로 살고 있는 느낌이다. 이 모든 일들은 위기의 순간, 절망 속에서 시작된 뜻밖의 일들이었다.

자본주의 사회는 거대 자본으로 돌아간다. 빚이 있어야만 작동하는 세상이다. 자본주의 세상은 자본이 많은 사람들에게 유리한 것이 사실이다. 그러나 한 가지 평범한 사람들에게 반가운 소식이 있다. 자본주의는 성장과 침체를 반복한다. 고성장 시기에는 모든 것이 고물가다. 그러나 불경기에는 모든 자산 가치가 떨어진다. 부자들은 이때 확보하고 있던 현금으로 자산들을 사들인다. 부동산, 주식 등 가치 대비 낮은 가격으로 거래되는 자산들을 확보한다.

　며칠 전 송도의 랜드 마크인 마○○○○ 아파트가 6억 원 대에 거래되었다는 기사를 보았다. 올 초만 해도 11.4억에 거래가 되었던 아파트다. 2022년 상반기까지 부동산 상승장으로 부동산 투자 교육에는 사람들이 붐볐다. 수십억, 수백억 부동산 부자가 되었다는 사람들이 쏟아져 나왔다. 사람들은 불나방처럼 부동산 교육으로 몰려들었다. 투자자들이 부동산으로 큰돈을 번 원리 자체는 단순했다. 평소 시세를 꾸준하게 파악하고 있다 가치 대비 가격이 낮은 저평가된 물건을 발견하면 전세 레버리지를 이용해서 물건을 매수한다. 그 후 다시 경기가 회복되면 저렴하게 샀던 자산들은 자신의 원래 가격을 되찾는다. 모든 투자는 살 때 저평가된 물건을 찾아서 싸게 사면서 돈을 버는 것이다. 싸게 샀기 때문에 이후 가격이 떨어져도 큰 타격이 없다. 그렇기에 그 이후 가격 변동이 없거나 하락의 시기를 견딜 수 있는 것이다. 이런 원칙을 이론적으로 안다 해도 막상 하락 시기에 큰돈을 투자하기란 두려운 일이다. 이것은 주식도 부동산도 모두 마찬가지다. 그래서 보통의 사람들은 상승장에 뛰어 들었다가 높은 가격에 구입하고 하락장에는 두려움에 손해를 감수하고 처분하는 것이다. 결국 위기를 기회로 만들기 위해서는 보통 사람들과 다른 관점이 필요하다. 또한, 미리 공부하고 준비가 되어 있어야 한다. 제대로 알아야 자신감을 가지고 결정할 수 있다. 결국 자기 확신과 용기, 인내심의 세 가지를 충족할 때 위기를 기회로 만들 수 있다.

우리는 소중한 꿈은 오래 노력하고 공들여서 이루는 것이라고 생각한다. 그 이유는 최초의 직업을 얻기까지 무려 16년 동안 계속되는 학교 교육 때문이다. 오래 묵힌 꿈이 꼭 더 위대하고 의미 있는 꿈은 아니다. 짧은 시간 압축된 노력으로 이룰 수 있다면 빨리 해내는 것이 더 좋은 선택이다. 완벽에 대한 강박은 우리를 평생 준비만 하는 사람으로 만든다. 가난한 자들이 고민하는 동안 부자들은 이미 시작하고, 실행하며, 목표를 이뤄간다. 이것이 부자들은 점점 더 부유해지고 가난한 사람들은 여전히 가난한 이유다. 의심하고 생각하는 사이에 기회는 빠르게 지나간다. 큰돈이 들어가는 일이 아니라면 일단 시작하자.

다만, 돈을 투자하는 일은 다르다. 먼저 공부를 하고 신중하게 선택해야 한다. 운으로 얻은 기회는 지속되지 않는다. 모르는 일에 큰돈을 베팅

하는 것은 도박과 마찬가지다.

삶에서 위기와 기회는 늘 함께 찾아온다. 새로운 관점이 있다면 그 위기를 통해 당신은 오히려 새로운 기회를 만날 수 있다. 우리는 직업과 꿈을 동일시하기 때문에 성인이 된 후에는 더 이상 꿈을 갖지 않는다. 혹은 꿈이 있어도 확신과 용기가 없기에 도전하지 못한다.

내일이 삶의 마지막 날이라면 당신은 오늘처럼 살 것인가? 나는 작가의 꿈을 이루지 못한 것이 가장 아쉬울 것 같았다. 더 이상 미룰 수 없었다. 15년 동안 생각만 하던 작가의 꿈을 뜻하지 않은 위기를 계기로 현실로 만들어가고 있다. 원고를 쓰다가 밤늦게 잠이 든다. 설레는 마음으로 이른 아침 다시 눈을 뜬다. 꿈을 현실로 바꿔가는 내가 기특하다.

나는 당신이 자신의 삶을 진지하게 돌아보길 바란다. 세상에 의해 주입당한 '잘 사는 삶'이 아닌, '내가 살고 싶은 삶'에 대해 생각해보길 바란다. 학위를 넘어, 직업을 넘어, 내가 원하는 것들을 꿈꾸고 이루며 살아가야 한다. 다만, 꿈을 이룬다는 이유로 공부를 위한 공부를 해서는 안 된다. 교육의 결과가 부가 아닌, 부의 결과가 교육이다. 그러니 계속 돈을 벌고, 성장하며 꿈을 이루어야 한다. 부모가 생각을 바꾸면 아이의 미래가 함께 바뀐다. 당신과 당신의 아이가 세상에서 정해준 삶이 아닌, 자신이 원하는 삶을 살 수 있다면 좋겠다.

## 인생을 바꾸는 질문

1. 내 삶에 닥친 위기를 기회로 바꿔본 경험이 있는가?

_____

_____

2. 오래도록 생각만 하고 실현하지 못한 꿈이 있는가?

_____

_____

3. 경제 위기 속에서 내가 할 수 있는 일은 무엇일까? 할 수 있는 일

한 가지를 적어보자.

_____

_____

_____

5장
___

# 지금 당장 행복한 부자
# 엄마가 되라

# 1

## 안전한 것은
## 위험하다

다음은 한 사랑 넘치는 주인과 칠면조에 관한 이야기다. "주인은 칠면조에게 1,000일 동안 먹을 것을 준다. 이 주인은 추수 감사절이 불과 며칠 안 남은 날은 물론 그 전날까지 먹이를 준다. 칠면조는 앞으로도 지금처럼 따뜻할 거라고 확신하며 시간이 지날수록 자신을 아껴주는 주인에 대한 믿음이 최고조에 이른다. 11월 셋째 주 일요일 추수 감사절이 찾아왔고 칠면조는 자기가 칠면조인 것을 원망했다. 칠면조는 추수 감사절은 깨닫지 못한 채 과거 '증거'에 근거해서 아무 문제없이 잘 살 거라고 미래를 아주 '정밀'하게 예측했다."

나심 니콜라스 탈레브의 『안티프래질』에 나오는 칠면조의 이야기다. 칠면조의 사랑 넘치는 주인은 푸줏간 주인이다. 그는 추수 감사절을 위해 먹이를 주며, 칠면조를 보살폈다. 칠면조는 1,000일이나 자신에게 먹이를 주며 보살펴준 주인을 무한 신뢰했을 것이다.

우리는 과거의 경험을 기준으로 현재나 미래의 상황을 예측하고 판단한다. 현재가 안정적이라면 우리는 이 편안함이 지속될 것이라 믿는다. 칠면조도 그 순간의 안정과 행복이 계속될 것이라 믿었을 것이다. 추수 감사절에 그 칠면조가 느낀 충격과 공포는 어땠을까? 우리도 추수 감사절의 칠면조처럼 현재의 편안함을 전부라고 믿고 안도하며 살고 있지 않나?

『안티프래질』에는 두 종류의 직업이 나온다. 키프로스 출신의 존(John)과 조지(George)는 일란성 쌍둥이로 두 형제는 런던에 살고 있다. 존은 은행의 인사팀에서 25년 동안 일을 했다. 그는 직원들을 전 세계로 재배치하는 업무를 맡고 있었다. 쌍둥이 형제 조지는 택시 운전기사로 일한다. 그는 존과 가까운 곳에 산다.

존의 수입은 완벽하게 예측 가능하다. 매월 일정한 금액이 그의 은행 계좌에 입금된다. 그는 이 수입의 일부는 주택 장기 대출금을 갚고, 생활비를 쓰고, 또 나머지는 저축을 한다. 매월 안정적인 소득이 있는 그는 큰 근심 없는 삶을 살았다. 적어도 금융위기로 그가 직장에서 퇴출될 수도 있다는 위기의식이 생기기 전까지는. 그는 인사 전문가였기 때문에 50세에 회사에서 퇴출된 사람이 새로운 직장을 구하기 어렵다는 사실을 잘 알고 있었다. 그러나 그것이 자신의 일이 될 것이라고는 생각하지 못했을 것이다.

조지는 택시 운전을 하고 있다. 그는 '검정 택시 라이센스'를 가지고 있었다. 검정 택시 운전기사는 3년 동안 택시 운전을 하며, 런던의 길을 훤히 꿰고 있는 기사에게 주는 라이센스다. 그들은 예약을 받지 않고 길거리에서 손님을 태울 수 있는 특권을 가지고 있었다. 존과 달리 조지의 수입은 변화가 심하다. 벌이가 좋은 날에는 수백 파운드를 벌었다. 그렇지만 좋지 않은 날에는 기본 비용조차도 충당하기 어려운 수준이었다. 그의 평균 수입은 존과 비슷하다. 조지는 소득이 일정하지 않으므로 존처럼 안정적인 직업을 가지지 못한 것을 아쉬워했다. 그러나 실제로는 조지는 존보다 더 많은 것을 가지고 있다.

우리는 무작위성, 혹은 변동성이 위험하고 나쁜 것이기 때문에 제거해야 한다는 잘못된 믿음을 가지고 있다. 그러나 실제로는 그렇지 않다.

"장인, 택시 운전기사, 매춘부(대단히 오래된 직업이다), 목수, 배관공, 재단사, 치과 의사는 소득이 일정하지 않다. 그러나 소득을 제로로 만들어버리는 크지 않은 블랙 스완 앞에서 허무하게 무너지지는 않는다. 그들은 위험 요소를 뚜렷하게 볼 수 있다. 안정적인 회사원은 그렇지 못하다. 그들은 인사팀이 주는 전화 한 통에 소득이 제로가 되는 끔찍한 상황을 경험할 수 있다. 회사원에게는 위험이 숨어 있다. 기능을 보유한 사람들은 무작위성 덕분에 일정 수준의 안티프래질을 지니고 있다. 작은 변화는 그들에게 적응을 요구하고, 주변 환경으로부터 배워서 끊임없이 변화하라고 압박한다. 스트레스는 정보라는 사실을 기억하자."라고 『안티프래질』의 저자인 나심 니콜라스 탈레브는 말한다.

많은 사람들이 직장 생활을 선호하는 이유는 안정성 때문이다. 매월 일정한 급여가 들어오고, 월급의 규모에 맞게 예측 가능한 삶을 살 수 있다. 많은 사람으로 구성된 회사생활은 한 분야의 전문성만으로도 충분하다. 그래서 수입이 높고, 업무의 전문성을 키울 수 있는 대기업을 선호한다. 반면, 중소기업은 상대적으로 많은 업무들을 해야 한다. 다양하게 배울 수 있다는 것이 장점이 될 수도 있다. 직장 생활의 최고 장점은 급여의 안정성이다.

반면 자영업자들의 경우 수입이 일정하지 않다. 뿐만 아니라 많은 분야의 일들을 해내야 한다. 회사를 다니다 학원 운영을 시작하니 딱 100배쯤 일이 많아진 기분이었다. 공부만 잘 가르치면 된다고 생각했으나 '잘 가르치는 일'은 일의 축에도 끼지 못했다. 상상하지 못했던 일과 사람을 겪으며 단단함이 쌓였다. 운영 3년차쯤 되니 모든 것이 안정적으로 돌아가기 시작했다. 매월 일정한 수입이 발생되었고, 업무 안정성과 급여 안정성 면에서 직장 생활과 비슷해졌다. 코로나를 만나기 전까지는 모든 것이 예측 가능하게 안정적으로 돌아갔다. 자영업자의 변동성은 가지고 있었으나, 소득 면에서는 직장인과 같이 안정적이었다. 안정성은 우리를 프래질하게 만든다. 작은 타격에도 큰 충격을 입고, 크게 휘청거리게 된다.

학원 시설 혹은 프로그램 업그레이드를 위해 비용을 투자하면 언제나 더 큰 성장으로 이어졌다. 그래서 나는 새로운 프로그램과 학습 디바이스에 꾸준하게 비용을 지출하며 학원을 성장시켰다. 코로나 직전 학원 이전과 새로운 학습 프로그램 도입으로 큰돈을 썼다. 다소 엉뚱한 이야기지만, 10년 전부터 사주에 대운이 들어온다고 해서 기다렸던 해였다. '사주'는 그 사람이 태어난 시간을 기준으로 근거하여 길흉화복을 알아본다. 10년 전부터 어디에서 사주를 봐도 동일하게 그해에 대운이 들어온다고 했다. 나는 10년 전부터 기다렸던 대운과 큰돈을 투자했다는 믿음으로 이전 후 학원 성장을 확신했다. 그러나 과거의 경험에 근거한 예측이 늘 옳지만은 않다. 예측과 달리 이전 오픈 후 정상 운영조차 힘들었다.

코로나는 전 세계를 엄청난 공포로 몰아넣었다. 모든 일상이 무너졌다. 학생들의 개학이 기한 없이 미뤄지고 많은 자영업자들이 영업권을 제한받았다. 근처에 폐업을 한 상점도 많았다. 많은 업무가 재택근무로 빠르게 전환되고, 최소 5~10년 이상의 미래가 당겨졌다.

세상이 바뀌면서 직업의 미래도 달라지고 있다. 빠르게 사라지는 직업이 생기는가 하면 유망 직업도 달라지고 있다. 세상의 판이 크게 흔들리는 느낌이었다. 코로나 이후에는 IT 관련 업종의 중요도와 위상이 더욱 높아졌다. 대학이 주는 가치와 의미도 달라지고 있다. 『직업의 종말』이란 책에서 저자 테일러 피어슨은 "전문직의 시대는 끝났다. 더 이상 대학 졸업장이 우리를 증명해주지 않는다"고 한다. 우리나라도 학령인구의 감소와 빠른 기술 발달로, 벚꽃 피는 순서대로 대학들이 문을 닫는다고 한다. 대학 교육은 기업에서 원하는 인재를 배출하지 못한다. 그래서 기업들은 '블라인드 채용'으로 실무 경력자를 채용한다.

세상이 이렇게 빠르게 변하지만 교육의 현장은 다르지 않다. 명문대 입학을 위해 많은 노력이 요구되지만 대학은 우리에게 아무것도 보장하지 않는다. 졸업 후 어렵게 얻은 안정적인 직장도 사실은 안전하지 않다. 사실, 안정적인 상태로 오래 머물수록 프래질(fragile)하다. 안정감은 우리를 '추수 감사절의 칠면조'처럼 방심하게 만들기 때문이다.


우리는 평등이라는 이름으로 획일화된 교육을 받으며 비슷한 목표를 가진 사회 구성원으로 살아간다. 모든 아이들의 강점은 다르지만 성적이라는 하나의 기준으로 평가된다. 학교에서는 규칙을 준수하고, 시스템에 순종하는 법을 배운다. 성적을 위한 획일화된 암기 위주의 평가는 오히려 창의력을 잃게 한다. 아이들 안에는 이미 창의성이 존재한다. 그러나 암기 위주의 공부를 하면서, 창의력을 사용할 기회가 없다. 창의력 없이 문제 해결 능력은 기대하기 어렵다. 그래서 학교에서의 우등생은 어느 정도 수준의 성공은 할 수 있지만, 세상을 바꾸는 혁신가가 되기는 어렵다.

우리는 본능적으로 삶에서 만나는 모든 것들을 안전과 위험으로 구분한다. 이것은 원시 시대에는 인간의 생존과 관련된 중요한 본능이었다. 우리는 안정적인 것을 '안전한 것'으로, 안정적이지 않은 것은 '위험한 것'으로 인식하게 한다. 아이들 대부분이 대기업에 취직을 원하는 이유는 안정적이라고 믿고, 안전하다고 생각하기 때문이다. 취업 대신 '사업'을 할 수 있다고 하면 아이들 대부분은 두려움으로 고개를 흔든다. 누구도 아이들에게 '사업가가 될 수 있다'고 말해준 적이 없다. 그래서 그 가능성을 믿지 않는다. 그렇기 때문에 생각만으로도 두렵다. 사람은 자기가 생각하는 한계를 넘는 사람이 될 수 없다. 아이들은 부모가 만들어준 한계 이상을 뛰어넘을 수 없다.

안전한 직장일수록 그곳을 나오는 순간 겪어야 할 세상의 풍파는 모질고 거센 법이다. 마치 귀하게 보호받으며 자란 아이들이 세상 밖에 나오면 현실을 더 차갑게 느끼듯 말이다.

놀이공원에 가면 나는 놀이 기구를 탈 때마다 눈을 감았다. 눈을 감으면 상상이 더해지기 때문에 사실 더 두렵다. 중학교 때 한 친구가 자기는 눈을 감지 않는다고 했다. 비결을 물으니 멀리 보면 된다고 했다. 다음엔, 친구가 알려준 대로 눈을 뜨고 멀리 봤다. 그러자 공포 대신, 놀이 기구를 통해 얻을 수 있는 본연의 즐거움과 자유로움을 느낄 수 있었다.

기회는 언제나 위기와 함께 온다. 그러나 공포의 순간에는 모두가 눈을 감는다. 기회를 얻기 위해서는, 눈을 감는 대신 다른 관점으로 봐야 한다. 이런 관점은 세상에 대한 다양한 공부와 생각을 통해서만 얻을 수 있다. 다른 관점을 얻기 위해 책을 읽으며 사고력을 확장할 수 있다. 처음에는 지식만 쌓는 기분이다. 그러다 어느 순간 책 속의 지식들이 나의 현실과 연결되며 아이디어가 떠오른다. 그 어떤 위기에도 가장 안전하고 확실한 결과를 얻는 투자가 '나에게 하는 투자'다. 준비하고, 위기로 가장한 기회를 반드시 나의 것으로 만들자.

### 인생을 바꾸는 질문

1. 안전한 것이 안전하지 않은 이유는 무엇일까?

_____

_____

2. 코로나 이후 내가 겪은 달라진 일상은 무엇인가?

_____

_____

3. 추수 감사절 전의 칠면조처럼 예측하지 못한 위기를 경험한 적이

있는가?

_____

_____

_____

# 2

# 10조 자산가의
# 자녀 교육

유튜브에서 『10배의 법칙』의 저자 그랜트 카돈의 자녀 교육 영상이 화제가 되었다. 그는 10X 부트 캠프라는 교육을 정기적으로 개최한다. 그는 기존 고객들 중 아직 세미나를 신청하지 않은 사람들에게 콜드콜을 해서 교육 참여를 독려하고 있었다. 콜드콜은 영업의 한 방법으로 신규 고객을 창출하는 방법 중 하나로 모르는 사람에게 전화해서 매출을 일으켜야 하는 영업 방식이다. 콜드콜은 영업인들에게도 어려운 방식이다.

특이한 점은 그 콜드콜을 직원이 아닌, 초등학생쯤 되어 보이는 자신의 딸에게 하도록 하는 것이었다. "저는 사브리나 카돈입니다. 그랜트 카돈의 딸입니다. 제가 전화를 드린 이유는 10X 컨퍼런스를 아직 구입하지 않으셔서 연락 드렸습니다." 간단히 인사를 건넨 후 그녀는 바로 자신의 용건을 이야기한다. 그녀는 고객에게 전화를 걸기 전 아버지인 그랜트 카돈을 대상으로 롤플레잉 연습을 했다. 그녀는 긴장한 듯 보였으며 연습 중 숨을 고르기도 했다. 약간의 연습을 마친 후 그녀의 아버지는 그녀를 바로 실전으로 들어가도록 했다. 그녀가 아직 가격을 숙지하지 못해 당황하니 가격은 다른 사람이 안내할 것이며, '오직 컨퍼런스 티켓을 구입하지 않은 이유'만을 파악하는 것이 그녀의 역할이라며 그녀를 독려했다.

사브리나는 실제 고객에게 전화를 걸어서 간단히 자신을 소개한 후 곧 있을 컨퍼런스에 아직 신청하지 않은 이유를 묻고, 컨퍼런스를 안내했다. 일부 고객들은 냉담하게 반응하기도 했으며, 어떤 고객들은 무례하게 전화를 끊어버리기도 했다. 전화를 끊어버리면 그녀의 아버지는 다시 전화를 걸도록 하고 음성 메시지를 남기라고 했다. 그녀는 긴장한 듯 숨을 고르며 다시 전화를 해서 떨리는 목소리로 음성 메시지를 남겼다. 그러던 중 한 고객이 세미나가 있는지 몰랐다며 자세한 정보를 요청했다. 그녀의 아버지는 스피커폰으로 함께 통화 내용을 들으며 그녀를 코칭했다. 가격을 차례대로 안내하도록 했다. 잠시 후 놀라운 일이 일어났다. 사브리나가 세미나를 안내했던 고객 중 한 명이 컨퍼런스 티켓을 구매함으로써 매출이 발생된 것이다.

놀라운 것은 그녀에게 이 과정을 설명하는 그랜트 카돈의 해석이다. 보통의 경우 실제 일으킨 매출에 대해서만 가치를 생각한다. 그랜트 카돈은 딸 사브리나에게 전화 1통의 가치가 어떻게 되는지를 묻는다. 한 건의 계약을 성공시킴으로써 받을 수 있는 커미션을 설명한다. 발생한 1건의 성공 건을 위해 그녀가 시도했던 모든 전화의 콜수로 나누어 계산한다. 편의상 원화로 계산하여 설명하겠다. 그녀가 일으킨 매출은 약 400만 원이다. 판매한 매출의 10%를 수당으로 받게 된다면 그녀는 약 40만 원을 받게 된다. 그녀는 총 18통의 콜드콜을 시도했다. 직접 판매로 연결되지 않았던 통화, 전화를 끊어버려서 메시지를 남긴 사람들까지 모두 사브리나에게 돈을 지불한 것이라고 설명한다. 수당으로 받게 될 40만 원을 18통으로 나누면, 통화 1건당 2.2만 원을 지불한 셈이라고 설명한다.

그는 딸에게 전환률을 설명한 것이다. 전환률이란 총 시도했던 통화 건수 당 매출로 연결된 성공 건수의 비율을 의미한다. 모든 통화가 직접 매출을 일으키지 않았지만 18통화 중 1통의 전화가 매출로 연결되었으므로 전환률의 방식으로 계산했다. 어린 소녀가 콜드콜로 매출을 일으킨 것도 놀라웠다. 그보다 더 놀라운 것은 억만장자가 어린 딸에게 그런 세일즈를 경험하도록 한 것이었다. 전환률을 설명하는 방식 또한 놀라웠다.

콜드콜은 단순히 세일즈 교육이 아니다. 영업을 통해 성공한 사람들은 모두 강한 멘탈을 가지고 있다. 무수히 많은 거절들을 극복하고 또 고객들을 설득해나가는 과정을 통해 강한 심리를 얻게 되기 때문이다. 세일즈 분야의 경험은 단단한 심리를 갖게 한다.

영업 혹은 판매는 보통의 사람들이 어렵다고 생각하는 업종 중 하나다. 심지어 자신이 세일즈로 억대 연봉을 받고 있는 사람조차도 자신의 자녀는 세일즈맨으로 키우고 싶지 않다고 말하기도 한다. 그런데 그랜트 카돈은 아직 어린 자신의 딸에게 직접 세일즈를 가르쳤다. 보통의 어른들에게도 어려운 콜드콜을 통해 그의 딸은 단단한 심리를 얻게 되었다.

그랜트 카돈이 세일즈라는 업종을 선택하지 않고 평범한 월급쟁이로 일했다면 억만장자까지 올라오는 일은 불가능했을 것이다. 평범한 사람이 아무런 리스크 없이 한계 없는 소득을 만들 수 있는 분야가 바로 세일즈다. 마케팅과 세일즈 없이는 그 어떤 비즈니스도 성공할 수 없다. 의사나 변호사 같은 전문직이라 해도 마찬가지다. 내가 직접 세일즈를 하지 않아도 회사 내의 누군가는 세일즈와 마케팅을 담당해야 한다. 매출은 나의 상품 혹은 서비스가 판매된 양에 정확히 비례해 발생한다. 그랜트 카돈은 딸에게 콜드콜로 세일즈를 가르치는 영상을 마케팅 도구로 다시 활용한다. 그리고 세일즈의 전문가로 자신의 입지를 다시 한 번 확고히 다진다.

다른 영상에서 그랜트 카돈은 그의 전용기 안에서 두 딸에게 수학과 돈의 가치를 연결해서 가르친다. "예를 들어 100만 원의 수입을 갖고 있다고 생각해보자. 수입 구간에 따라 20%~40% 가까이 세금을 내야 한다. 40%의 세금을 낸다면 60만 원으로 생활을 해야 한다. 수입이 높지 않다면 소득에 맞춰 생활을 해야 하지. 이때 많은 사람들은 지출을 줄이는 방식으로 살아간단다. 그러나 지출을 줄이는 데는 분명 한계가 있지. 그렇기 때문에 수입을 늘려야 하는 것이란다. 수학의 목적은 우리가 살아가는 데 필요한 돈을 이해하기 위한 것이지."라고 그는 설명한다. 지출을 줄이는 방식이 아닌 소득을 높이는 방식으로 살아야 한다고 가르친다. 그리고 수학의 목적은 살기 위해 충분한 돈을 가지는 것이며, 이 돈으로 다른 사람들을 도울 수 있다고 설명한다.

또 그는 돈과 자산에 대해 가르친다. 돈이라는 것은 사회적인 약속이며, 정부에서 발행하는 것이다. 정부가 돈을 많이 발행하면 돈의 가치가 떨어지게 된다. 시간이 지나서 돈의 가치가 떨어지는 것 외에 인플레이션 상황을 자연스럽게 이해할 수 있도록 쉽게 설명했다. 돈이 많아지면 자연스럽게 자산의 가치가 올라가게 된다고 덧붙였다. 돈은 '감가 상각되는 것'으로 바꿀 수도 있고 혹은 '가치가 올라가는 자산'으로도 바꿀 수 있다고 설명한다.

"돈을 벌 수 있는 방법은 나의 시간을 돈으로 교환할 수 있는 방법이 있단다. 예를 들어 출근을 해서 누군가를 위해 일하는 형태의 근로소득을 생각할 수 있지. 두 번째 방법으로는 재능이나 거래를 통해 돈을 벌 수 있는 자산소득이 있단다. 예를 들어, 재능이나 특허, 저작권 등에 대해 사용료를 내거나 혹은 부동산으로 벌 수 있는 것이 자산소득이지."

그의 딸에게 그녀가 해야 하는 것은 돈을 모으는 일이라고 명시했다. 돈을 모으는 행위는 은행에 저축을 위한 저축이 아닌, 투자를 위해 모으는 것이므로 save(저축하다) 대신 collect(수집하다)라는 표현을 썼다. 돈의 가치가 떨어질 때 부동산 가치는 자연스럽게 올라가기 때문에 절대 부동산을 잃어서는 안 된다고 설명한다. "아빠에게 무슨 일이 생기더라도 절대 부동산을 잃어서는 안 된다. 부동산을 잃지 않도록, 세입자들, 투자자들, 대출해주는 사람을 신경 쓰렴. 이런 사람들이 너와 너의 아이들을 뒷바라지 해줄 것이란다."라고 조언한다.


그랜트 카돈은 세일즈맨으로 시작한 세계적인 세일즈 트레이닝 전문가이자 마케팅 인플루언서, 기업가, 부동산 투자자이다. 현재는 세일즈

트레이닝뿐만 아니라 부동산 투자 교육도 함께 하고 있다. 그랜트 카돈은 자신의 저서 『10배의 법칙』에서 "부자와 가난한 사람의 차이는 사고방식의 차이와 행동량의 차이"라고 한다. 자신의 원칙대로 그는 10배 더 높은 목표를 가지고 더 많은 고객을 확보하고, 성공시키기 위해 누구보다 치열하게 일한다. 그리고 그 원칙을 자신의 딸들에게 가르치고 있었다. 부자들의 자녀 교육은 보통의 사람들과 다르다. 그는 돈에 대해 명확하게 가르치고, 돈을 벌 수 있는 현실적인 방법을 가르쳤다.

내가 책 쓰기를 하며 알게 된 〈한책협〉의 권동희 대표는 흙수저 출신으로 35개의 부동산을 보유한 자수성가 자산가다. 그녀는 학위가 아닌 책 쓰기와 강연, 퍼스널 브랜딩을 통해 남들과 다른 성공을 만들었다. 그녀는 책을 쓰고 난 후 몸값이 달라지며 엄청난 부를 이루게 되었다고 한다. 그녀는 20대로 다시 돌아간다면 딱 두 가지 공부만 하겠다고 했다. 바로 돈 공부와 마케팅이다. 돈 공부는 살아가는 내내 가장 중요한 지식이 돈에 대한 지식이기 때문이다. 돈을 많이 벌어도 돈에 대해 공부하지 않는다면 지킬 수 없다고 했다.

마케팅은 다양한 플랫폼에 자신의 생각을 글로 표현하는 것이다. 세상의 모든 상품은 알려지고 판매되어야 한다. 판매되기 위해서는 먼저 알려져야 한다. 그리고 이런 공부에 대한 원칙은 자녀 교육에도 그대로 반영이 되었다. 그녀는 아이들이 생각을 키우고 표현력을 키울 수 있는 공부들을 더욱 중요하게 생각했다. 지혜로운 생각이다. 부의 결과는 진정한 교육이었다.

부자들이 계속 부자로 살 수밖에 없는 것은 부유한 생각의 대물림이라는 생각을 했다. 그들은 "공부만 열심히 하면 된다"고 가르치지 않았다. 누구보다 돈에 대해 정확하게 가르쳤다. 자녀들에게 줄 수 있는 가장 귀한 가치는 바로 부모의 지혜로운 생각이다.

재산을 물려줄 수 있지만 지킬 수 있는 힘이 없다면 의미 없다. 부유한 부모를 둔 자녀들이 대를 이어 부유하게 살 수 있는 가장 강력한 힘은 '부유한 생각, 부유한 습관의 대물림'이다.

나에게도 이런 부유한 마인드를 줄 수 있는 부자 아빠나 부자 엄마가 있었다면 좋았겠지만, 부자 아빠가 없어도 괜찮다. 우리에게는 '부자 마인드'를 알려주는 수많은 부자 저자들이 있다. 책 속의 부자를 통해 배움을 얻고, 우리도 부유한 생각과 부자의 습관을 물려주자.

## 인생을 바꾸는 질문

1. 나는 자녀들에게 돈의 가치를 어떻게 설명하는가?

_____

_____

2. 만일 억대 연봉을 벌 수 있다면 나의 자녀에게 세일즈 비즈니스를

권하겠는가?

_____

_____

3. 만일 20대로 돌아갈 수 있다면, 나는 무엇을 공부하겠는가?

_____

_____

_____

# 3

## 당신의 스토리를 무기로
## 만들어라

"몇 달 전만 해도 프로필 메시지가 '소확행'이었는데요. 독서 토론을 하면서 저의 진심이 아니었음을 깨달았어요. 그동안 '이 정도면 괜찮아.'라고 생각했었는데요. 독서 모임을 통해 저는 '대확행'을 꿈꾸고 있다는 걸 알게 됐어요."

'MF Care' 독서 토론에 참여한 한 어머니의 독서 모임 후기다. 몇 달 전만 해도 그녀는 소확행이 자신의 진짜 행복이라고 믿고 있었다고 한다. 그러던 그녀가 책을 읽고 다른 사람들의 스토리를 들으며 자신이 원하는 것을 깨닫는다. 그녀는 일도 잘하고 돈도 많이 버는 삶을 원하고 있었다.

그러나 우리는 합리적인 수준의 생각 안에 우리를 가둔다. 그것이 행복을 잃지 않는 비결이기 때문이다. 우리는 나와 비슷한 누군가의 이야기를 들으면 깊이 공감하며 나에 대해 생각하고 발견한다. 나조차 모르던 내 안의 진짜 나를 발견하기도 한다.

그 사람의 한계는 자신의 믿음의 한계를 넘지 못한다. 우리 모두는 스스로 정의한 나의 모습이 있다. 세상에서 가장 어려운 일이 바로 자신에 대한 믿음을 바꾸는 일이다. 타인에 대해서는 긍정적인 면을 쉽게 발견하지만 이상하게도 나에게는 오히려 믿음을 갖기가 어렵다. 이 책을 쓰기까지 나 역시도 무수히 많은 '두려움', '불안함' 등이 떠오르며 나를 괴롭혔다. 마음속으로 끝없이 떠오르는 부정적인 생각들을 밀어내며, 원고를 완성해야 했다.

우리는 나만의 소명을 가지고 이 지구별에 온다. 그렇기 때문에 각자 자신만의 이야기를 가지고 있다. 어려움을 극복하고 어떻게 비즈니스를 다시 일으켰는지? 나쁜 습관을 극복하고 어떻게 다이어트에 성공했는지? 육아와 직장 생활을 함께하며 어떻게 블로그로 수입을 만들었는지? 살면서 그동안 내가 해냈던 무수히 많은 '기특한 일'이 있지만 스스로 나를 칭찬하기는 어려운 일이다. 어렵지만 반드시 잘 해내야 하는 일은 '나 자신을 객관화하는 일'이다.

우리는 객관적으로 나 자신을 바라볼 수 있어야 한다. 누구나 강점과 약점은 있다. 우리는 과거의 실패와 내가 가진 부족한 점에 더 자주 집중하게 된다. 그러나 약점에 집중하는 방식은 좋은 방법이 아니다. 우리는 스스로의 강점을 잘 알고 있어야 한다. 마치 '당신의 이름은 무엇인가요?'에 답하듯 나의 강점을 즉시 말할 수 있어야 한다. 삶에서 만나는 힘겨운 순간 나를 견디게 하는 것은 '나에 대한 믿음'과 '스스로 위로할 수 있는 힘이 있는가?'이다. 실패를 마주하며 다시 일어서는 힘이 그 사람의 '진짜 자존감'이기 때문이다.

하루는 'MF Care' 독서 모임에서 자신이 가지고 있는 '정체성'에 대해 이야기를 나눴다. 어린 시절 나의 정체성은 '똑똑한 아이'였다. 맏이였던 나는 초등학교 3학년 때까지 어머니께 특별한 교육을 받았다. 공개 수업이 있는 날은 어머니께서 정해주신 멘트로 연습을 했다. 3학년 공개 수업 날이 아직도 생생하게 기억난다. 도덕 시간이었다. 선생님께서 어떤 단어를 설명하셨고 아무도 손을 들지 않았다. 나는 연습한 대로 손을 바르게 들고 "인격입니다!"라고 또박또박 답했다. 뒤에서 박수가 쏟아졌다. "너무 똑똑해서 소름 끼친다"고 한 분도 있었다고 한다. 똑똑한 아이가 어린 시절 나의 정체성이었다.

그러나 그 똑똑함은 오래 가지 못했다. 초등학교 4학년부터 어머니는 장사가 바빠지셨고 나는 친구들과 노는 재미에 빠졌다. 초등학교 5학년 때는 공부를 했던 기억이 거의 없다. 초등학교 6학년 때 시골에 살던 아이가 서울 초등학교로 전학을 가서, 한 반에 5명만 받는 우등상을 받고 졸업했으니 그런 대로 성공이었다. 그리고 그 후는 다시 중고등학교와 대학교를 다니는 동안 성적으로 뛰어났던 적은 없다. 똑똑한 정체성을 잊고 사는 동안 나는 자주 나를 '쓸모없는 사람'이라고 생각했다. 꽤 오랜 시간 동안 그런 상태로 살았던 것 같다. 그러다 영어를 만나고, 아이들을 가르치면서 나의 가치와 자신감을 되찾았다.

대학을 졸업하고 영어 공부를 시작하면서 그리고 대학원에 다니면서 내 인생의 진짜 공부가 시작되었다. 전액 장학금으로 대학원에 입학부터 졸업까지, 엄청난 경쟁을 뚫고 입학부터 쉽지 않았다. 그러나 그 시간은 내가 원하는 정체성을 되찾아가는 과정의 시작이었다. 서른이 훌쩍 넘은 나이에 직업 없이 대학원생으로 공부하느라 힘이 들었다. 돈을 벌어야 할 나이에 돈을 벌지 못하니 모든 인간관계가 단절되었다.

나는 공부하기 싫어서 몸부림을 치는 아이들에게 나의 이야기를 들려준다. "예리야! 지금 공부를 하지 않으면 언젠가 그 게으름에 대한 대가를 치르게 돼. 남들 대학 가는 나이에 가서 캠퍼스의 낭만을 누리는 게 낫겠니? 아니면 서른 넘은 나이에 운동복을 입고, 커피 믹스를 싸가지고 다니며 공부하는 게 낫겠니?" 아이들은 몸서리를 치며 싫어한다. 그 이야기 속 주인공은 대학원 시절의 실제 나의 모습이다.

어린 시절 가난했던 이야기, 그래서 대학교 때 다양한 파트타임 직업을 경험했던 이야기, 그러다 '몸 쓰는 일은 정말 힘들다'를 깨닫고 머리 쓰는 일을 해야겠다고 생각을 바꾸게 된 이야기, 서른 넘은 나이에 공부하느라 돈을 벌지 못해 정말 궁핍하게 살았던 이야기. 살면서 돈이 없으면 얼마나 큰 고통과 비참함을 겪는지, 좋아하는 일을 하며 사는 것이 얼마나 큰 축복인지, 그러나 그 안에도 역시나 어려운 일들은 존재한다는 이야기. 이 모든 것들이 아이들이 만나게 될 세상을 간접 경험하도록 돕는 소중한 이야기들이다. 그 순간에는 힘이 들었다. 그러나 역경의 크기만큼 더 힘 있는 스토리가 되고 누군가에게 용기를 준다.

사춘기를 겪는 아이와의 갈등으로 힘들어하는 어머니들께는 다른 집 아이들의 이야기를 들려준다. 그 시기를 처음 겪는 어머니 입장에서는 하늘이 무너지는 기분이다. 그러나 사춘기는 누구나 다 겪어가는 정상적인 성장 과정이다. 그때 다른 집 아이 이야기를 들려 드린다. 남의 집 아이의 사춘기 이야기를 들으며 마음 깊이 공감을 한다. 그 아이가 어떻게 멀쩡해졌는지를 들으며 크게 위로를 받는다. 그리고 그 댁의 아이도 바로 얼마 전까지 얼마나 착한 아이였는지 지난 시간을 상기시켜 드린다. 그러면 곧 환하게 웃으며, "그동안 너무 쉽게 거저 키웠네요."라며 마음

편히 돌아가시기도 한다. 이렇게 나와 비슷한 다른 누군가의 이야기를 들으며 우리는 울기도 하고 웃기도 한다.

모든 자수성가 성공자들이 쓴 책의 첫 부분은 언제나 어린 시절 고생담에 관한 이야기다. 독자들은 그 이야기를 읽으며 깊이 공감하기도 하고 용기와 희망을 얻기도 한다.

큰 성공자가 아닐지라도 우리 모두는 특별한 이야기가 있다. 자랑스럽지만 꺼내기 수줍은 이야기일 수도 있고 상처이기 때문에 꺼내고 싶지 않을 수도 있다. 그 모든 이야기는 큰 자산이 되어준다. 스스로 가치를 발견할 수 있을 때 우리의 스토리는 엄청난 무기가 된다.

당신의 스토리를 잘 기록해두라. 인생은 오르막과 내리막의 끝없는 반복이다. 과거의 찬란했던 순간은 힘든 순간 다시 당신을 일어서게 할 것이다. 당신의 힘든 순간을 잘 기록해두라. 모든 역사는 반복된다. 또 다른 힘든 순간을 만났을 때 과거에서 답을 찾을 수 있다. 과거의 성공 경험은 마치 백신처럼 미래의 당신에게 견딜 수 있는 힘과 용기를 줄 것이다.

학원을 운영하며 나는 많은 실패와 좌절을 겪었다. 실패를 기록할 때는 아프고 고통스러웠다. 그러나 그 기록들은 언제나 나에게 다시 일어설 힘을 줬다. 과거에 기록했던 이야기들이 힘든 순간의 나에게 힘이 되었다.

학원 운영 10년차를 맞던 올해 초 나는 개인적인 어려움의 시간을 겪었다. 코로나 블루를 견뎌왔던 장기 재원생들이 사춘기를 겪으며 예상하지 못한 퇴원으로 이어졌다. 나 역시도 몸과 마음이 많이 지쳐 있던 상태였다. 그때 나의 경제 선생님 아이스 강 대표가 자신의 문제에 빠져 있지 말고 '누구를 돕고 싶은가?'를 생각해보라고 했다. 처음에는 그 말이 와닿지 않았다. 그러나 숙제를 하듯, 아이들과 경제 독서 토론 수업을 만들고 아이들을 도우면서 나는 다시 나의 삶의 의미를 되찾게 되었다. 살면서 모르고 놓쳤던 것들을 아이들은 겪지 않았으면 좋겠다고 생각했다. 그래서 경제 교육을 통해 얻은 배움을 아이들과 나눴다.

우리를 가치 있게 살게 하는 것은 경제적인 보상만이 아닌, '의미 있는 일', '의미 있는 관계'다. 그 시간 동안 나 역시도 학원 밖의 더 넓은 세상을 보며 넓은 관점을 갖게 되었다. 우리가 정답이라고 믿는 삶을 이미 살고 있지만, 안전하지도 행복하지도 않은 사람들을 만나며 그 생각들을 확인했다. 나는 아이들에게 성적 그 이상의 것을 줘야겠다고 다짐했다. 공부하며 얻은 배움을 유튜브에 기록하기 시작했다. 유튜브 〈레드 펭귄 주원장〉에는 나의 배움들이 기록되어 있다. 'CF Care'와 'MF Care'를 진행하며 나는 다시 일어설 힘을 얻었다.

그리고 더 많은 아이들과 어머니들을 돕기 위해 책을 써야겠다는 생각을 하게 되었다. 아직 많은 부모들이 자본주의 사회가 우리에게 주입한 '명문대', '대기업'의 '로드맵'만이 유일한 성공이라 믿는다. 그 잘못된 믿음을 제거하고, 우리 아이가 가진 강점에 집중해서 '나다운 행복'을 찾도록 돕고 싶었다. 이 모든 일의 시작은 개인적인 어려움이었다. 그러나 나의 문제에서 벗어나 누군가를 돕고자 하는 마음을 가지는 순간 나의 문제는 사라지기 시작했다. 그리고 그렇게 이 책은 시작되었다.

'MF Care'에 함께하는 한 어머니의 블로그 글을 읽었다. 초등학교 때 이른 사춘기로 속상했던 이야기였다. 두 번째 사춘기를 겪을 나이인 아들에 대해 '이제는 내가 변해서 잘 지낼 수 있을 것 같다'고 했다. 그 어머니의 생각이 변화되었다는 글을 읽으니 마음이 뿌듯했다. 자녀를 위한 최선은 부모가 자신의 인생을 잘 사는 것이다. 'MF Care'를 통해 우리는 '진짜 나다움을 찾으며, 진짜 자유'를 찾아가고 있다. 'MF Care'는 그렇게 엄마의 생각을 바꾸고, 아이들의 미래를 구한다. 변화하고 싶지만 출발점을 모르겠다면, 'MF Care'와 함께하자. 내가 당신을 도울 수 있는 가장 확실한 방법은 함께하는 것이다.

# 인생을 바꾸는 질문

1. 최근 나에게 힘을 주었던 누군가의 이야기가 있는가?

_____

_____

2. 큰 어려움을 겪었으나 포기하지 않고, 결국 이룬 나만의 성공 스토리가 있는가?

_____

_____

3. 다른 누군가를 도울 수 있는 나의 스토리는 무엇인가?

_____

_____

_____

# 4

# 행복한 창조가로
# 살아라

　나와 막내 여동생은 20대부터 같은 일을 했다. 그녀는 대형 어학원에서 아이들을 가르치는 일을 시작으로 20년째 아이들을 가르친다. 그녀는 C 어학원에서 교수부장으로 승승장구하던 중, 돌연 사직하고 중등 입시 학원으로 이직했다. 입시 학원과 어학원은 완전히 결이 다르다. 그녀는 기존 직장에서 더 이상 성장이 없을 것이라고 생각했다고 한다. 지역 내 유명 입시 학원 강사와 고등부 과외 강사를 거쳐서 그녀는 지역 내에서 몸값 높은 과외 강사로 입지를 다졌다. 그리고 10년 전 우리는 각자 다른 지역에서 자신의 학원을 오픈했다.

입시 수업을 오래 경험한 나의 여동생은 선택한 프랜차이즈의 문법이 취약하다고 판단하고, 이 부분을 동영상 강의로 제작했다. 나는 처음에는 이 생각에 동의하지는 않았다. 문법 수업은 현장 강의가 더 효과적일 것이라 생각했다. 당시 사이버 대학에서 겸임 교수로 온라인 강의를 하고 있었지만, 아이들 문법 수업은 다를 것이라 생각했다.

그러나 이 생각을 바꾸는 데에는 오래 걸리지 않았다. 문법은 개별 진도를 진행했을 때 가장 효과적이었다. 나도 문법 동영상 강의 개발을 시작했다. 오랜 시간과 노력, 인내심이 요구되었다. 학원 운영 10년 동안 내가 했던 일들 중 가장 잘한 일이 문법 동영상 강의 개발이었다. 동영상 강의를 통한 개별 학습은 눈에 띄는 문법, 작문, 스피킹 실력 향상으로 이어졌다. 아이들은 해외 연수에서도 뛰어난 영어 스피킹 실력을 인정받았으며, 이사와 졸업으로 학원을 떠난 아이들도 나와 함께했던 수업이 크게 도움이 되었다고 연락을 해온다.

이것으로 그치지 않고 우리는 아이들을 위한 동기 부여 설명회를 만들었다. 공부를 하는 데 가장 중요한 것이 꾸준한 인내심을 가지는 것이다. 시험이 없는 자유 학년제에 공부하기 어려운 이유는 지금의 이 공부가 미래에 어떻게 연결될지 알 수가 없기 때문이다. 이 노력의 쓸모를 모르니 자발적인 동기를 가지기 어렵다. 그래서 공부가 미래에 어떻게 쓰일 것인지 현재와 미래를 연결해서 상상하도록 돕는 시간이 필요하다. 우리는 인상 깊게 읽었던 책의 내용을 아이들의 상황과 연결해서 콘텐츠를 만들었다. 그리고 아이들을 대상으로 했던 설명회는 학부모들을 대상으로 동일하게 설명회로 진행했다.

아이와 부모가 한 방향을 향해 목표를 정할 수 있어야 공부라는 장거리 마라톤에 지치지 않고 달릴 수 있다. 공부는 성적만을 위한 것이 아니다. 스스로 공부하는 능력은 인생을 살아가는 데 중요한 하나의 경쟁력이다. 오히려 학교를 졸업하고 난 후 더욱 필요한 것이 공부다. 그러나 졸업 후 더 이상 우리에게 공부의 필요성을 말해주는 선생님이 없다. 그러니 그 필요를 스스로 찾아야 한다.

같을 일을 하는 것처럼 보이는 모두가 같은 방식으로 일하지 않는다. 자신이 옳다고 믿는 것을 실천하며, 그 생각에 동의하는 사람들과 인연을 맺는다. 무슨 일을 하든지 자신의 가치는 그 안에서 스스로 만드는 것이라고 생각한다. '아이들이 잘되도록 돕는 일'이라는 하나의 큰 목표를 가지고 우리는 그 안에서 다양한 실험을 하며 성장해왔다. 단순히 주어진 콘텐츠에 만족하지 않고, 우리는 조금 더 아이들에게 도움이 되는 것들을 고민했다.

세상이 원하는 인재로 자라기 위해 꾸준한 독서를 해야 한다. 그러나 독서는 아이들에게 또 하나의 숙제일 뿐이었다. 아이들이 책을 읽도록 하게 하기 위해서는 부모들이 먼저 독서하는 분위기를 만들어야 한다. 그런 고민은 아이들과 함께하는 독서 토론 수업 'CF Care', 학부모들과 함께하는 'MF Care'라는 독서 토론을 만들게 했다.

'MF Care'는 학원장과 부모가 함께하는 경제 인문학 독서 토론이다. 성적 올리는 방법 혹은 자녀 교육에 대한 조언을 기대했을지 모른다. 그러나 처음부터 'MF Care'에서 공부나 자녀 교육 이야기를 할 마음이 없었다. 우리는 부모들의 성장과 돈에 대한 이야기만을 목표로 했다. 우리나라 정서상 누구나 돈 얘기는 부담스러워 한다. 그런데 심지어 학원장과 학부모들이 함께 돈에 대한 생각을 나누는 독서 토론이라니. 우리도 용기가 필요했다. 세상에 나를 드러내는 일에는 용기가 필요하다. 그런 이유로 많은 분들이 독서 토론 참여를 거절했다. 세상에 존재하지 않던 수업이었기에 우리 스스로 하나하나 경험하며 만들어가야 했다.

창의적인 인재는 내가 마음을 먹는다고 어느 날 갑자기 되는 것이 아니다. 책을 읽고 생각을 표현하는 훈련을 통해 사고력을 기르고 창의력을 기를 수 있다. 줄 세우는 공부를 시키다가, 사회에 나가면 창의적인 인재가 되어야 한다고 한다. 그러나 과정 없는 결과는 없다.

단답형으로 답하던 아이들이 'CF Care'를 통해 자신의 생각을 표현하기 시작했다. 'MF Care'의 어머니들도 조금씩 자신의 경험과 생각을 구체적으로 표현하기 시작했다. 우리는 '내가 원하는 삶'에 대해 구체적으로 질문하고, 생각하고, 답하기 시작했다.

우리는 아침에 눈을 뜬 순간부터 잠자리에 들기까지 엄청나게 많은 소비를 한다. 시간을 쓰기도 하고 돈을 쓰기도 한다. 24시간은 누구에게나 똑같이 주어진다. 그 안에서 누군가는 공급자로 관점을 바꿔서 자신의 일상 혹은 경험을 콘텐츠로 만들어서 공급한다. 다른 누군가는 소비자로 다른 사람들이 만들어낸 상품과 콘텐츠를 소비만 한다. 이 세상에서 돈을 벌고 있는 사람들은 모두 공급자들이다. 보통, 나는 아무것도 공급할 콘텐츠가 없다고 생각한다. 관점을 바꾸면 모든 사람에게는 공급할 수 있는 콘텐츠가 있다. 살면서 배운 지식, 경험, 나만의 노하우 등 우리는 모두 남과 나눌 수 있는 나만의 무언가가 있다. 다만, 그것의 가치를 알아볼 수 있는 관점을 기르지 못했을 뿐이다. 훈련한 적이 없기 때문이다.

우리 학원의 중등부 아이들은 문법 수업 후 백지 시험을 보고, 강의 동영상을 찍는다. 이 동영상은 다른 사람을 가르치듯 자신이 학습한 내용을 나누는 것이다. 그리고 선생님에게 자신이 공부한 내용을 다시 한 번 강의하듯 설명한다. 한 어머니께서는 문법을 부담스러워하던 아이가, 스스로 강의하는 수업을 하면서 문법에 대한 흥미가 높아졌다고 하셨다. '강의로 설명하기'는 가장 학습 효율이 높은 학습 방법이다. 유대인들은 하브루타라는 토론식 학습 방법으로 생각을 키우며, 각 분야의 노벨상 수상자 및 우수한 학자들을 배출하고 있다.

나는 아이들에게 대학교에 입학 후 꼭 학생들을 가르치는 파트타임을 하라고 한다. 대부분의 학생들은 대학 입학 후 취업 전까지 영어 공부를 내려놓는 경우가 많다. 영어의 영역 중 가장 잊기 쉬운 영역이 어휘와 문법이다. 2년쯤 쉬고 나면 그 동안의 영어 실력이 물거품이 된다. 그러나 대학교에 입학 후 학생들을 가르친다면 영어 실력이 향상될 것이며, 대학 졸업을 앞두고 어학 점수를 얻기 위해 다시 학원을 기웃거릴 일은 없을 것이다. 우리 학원의 아이들은 영어 공부에 똑같은 시간을 쓴다. 그렇지만 '강의식 수업'으로 학습 효율은 가장 높고, '가르치는 경험'을 추가로 얻게 된다.


나는 아이들에게 공급자로의 경험을 갖도록 하고 싶었다. 그리고 대입에서도 사회에서도 자신만의 스토리와 방향성을 가진 인재를 선호한다. 즉 퍼스널 브랜딩이 필요하다. 이를 위해 자신의 관심 분야에 대해 꾸준하게 공부하며 그 기록을 온라인에 남기는 것이 필요하다. 공급자로 기초를 다지기 위한 유튜브와 블로그 특강 수업을 진행했다. 수업에 참여한 아이들은 '생각보다 어렵지 않고 재밌다'고 즐거워했다. 재미삼아 가장 좋은 콘텐츠를 선정하는 블로그 콘테스트와 유튜브 콘테스트를 했다.

100% 아이들의 투표로 선발했다. 중학교 2학년 여학생과 3학년 남학생이 각각 선발되었다. 이 아이들은 한 집안 출신이었다. 학생들의 어머니는 콘텐츠 공급자로 'MF Care'에 함께하는 분이셨다. 체험단과 리뷰를 많이 하시다가, 'MF Care' 독서 모임 참여 후 관점을 바꿔서 블로그로 수입을 내고 있었다.


『내 아이만큼은 나와 다른 삶을 살기를 바란다』에서 주하영 작가는 '큰 뜻을 품은 아이로 키우는 7가지 비밀'을 공개한다.


1. 성공은 생각의 크기를 뛰어넘지 못한다.

2. 혼자 생각하는 힘을 가진 아이로 키워라.

3. 독서는 기본, 글쓰기는 필수다.

4. 열심히만 하지 말고 다르게 하라.

5. 아이의 미래를 바꾸는 힘은 개방적 사고다.

6. 책 속에 답이 있다.

7. 부모의 프레임에서 벗어나면 아이의 삶이 바뀐다.

나는 이 시대가 원하는 인재로, 나다운 행복을 만들 수 있는 '7가지 비밀'을 부모들에게도 권한다. 삶에서 한계는 오직 우리의 생각의 한계뿐이다. 우리는 새로운 배움을 통해 스스로 생각하는 힘을 키워야 한다. 나의 경험과 배움을 다른 사람과 나눌 때 더 의미 있는 공부가 된다. 그러니 새로운 배움을 온라인에 기록하자. 인풋 위주의 공부가 아닌, 아웃풋 위주의 공부로 다른 결과를 만들자. 이에 더해, '콘텐츠 창조자'로 새로운 당신의 정체성을 만들자.

다만, 공급자가 되기 위해서는 내가 먼저 소비자로 다양한 상품을 경험해봐야 한다. 소비자로 비용을 지출해봐야만 나 역시도 '돈을 받을 수 있는 정체성'을 얻을 수 있다.

먼저, 교육에 투자함으로써 당신의 머리에 빌딩을 짓자. 그리고 배움을 블로그, 인스타, 유튜브 등의 온라인에 기록함으로써 온라인에 빌딩을 짓자. 당신의 도움을 필요로 하는 고객들이 어디에선가 당신을 기다리고 있다. 당신의 스토리를 무기로 만들자. 콘텐츠 공급자가 되어 당신의 도움을 필요로 하는 고객들을 돕자. 고객들을 돕고, 고객의 문제를 해결하며 당신이 만들어낸 새로운 돈은 당신에게 '실물 빌딩'을 소유하게 할 것이다.

## 인생을 바꾸는 질문

1. 내가 얻은 배움을 누군가에게 나눠준 적이 있는가?

_____

_____

2. 나는 창조자로서 어떤 활동을 하고 있는가? 이후 시작한다면, 어떤 활동을 하고 싶은가?

_____

_____

3. 현재 사용하고 있는 소셜 미디어 계정이 있는가? 어떻게 돈으로 연결할 수 있을까?

_____

_____

# 5

## 젊은 부자들, 새로운 세상이 온다

"개천에서 용 났다." 어려운 집안 출신의 누군가가 큰 출세를 하고 부와 명예를 얻은 경우를 의미한다. 우리가 주목해야 할 점은 용의 태도이다. 평범한 사람이지만, 엄청난 노력으로 자신의 위치를 바꿨다는 사실이다. 우리는 고학력이 인생 역전을 위한 확실한 사다리라는 믿음으로, 평범한 아이들을 용으로 만들기 위해 교육에 엄청난 비용을 쓴다. 그러나 학습 동기와 의지는 그렇게 간단하게 만들어지지 않는다.

학군이 좋거나 부모가 고소득, 전문직 종사자일수록 교육에 대한 관심이 높다는 조사가 있다. 좋은 학군과 부모의 소득이 자녀의 성적과 상관

관계가 있다는 불편한 조사 결과도 있다. 교육에 더 많은 돈을 쓰면 더 좋은 결과를 얻을지도 모른다는 희망으로 자녀 교육에 많은 비용을 쓴다. 그러나 고학력, 전문직 종사자 부모를 둔 아이들의 성적이 더 좋은 이유는 단지 사교육을 더 많이 받았거나 더 좋은 학군만이 원인은 아니다. 그들은 공부에 대한 뚜렷한 동기와 명확한 목적의식이 있다. 공부를 통해서 자신의 부모가 얻은 유익을 보며 자랐기 때문이다. 그러나 학군, 부모의 소득과 성적의 상관관계를 연구한 사회적 통계들은 상대적 박탈감을 준다. 혹은 '개천의 용은 끝났다'는 잘못된 믿음을 만든다. 그러나 그 어느 때보다 개천의 용들에게 기회가 많은 세상이다. 다만, '학교 공부와 성적으로 성공해야 한다'는 과거의 믿음을 가진 사람들에게 새로운 기회는 보이지 않는다.

모두 다른 강점을 가지고 있는데 어떻게 성적이라는 하나의 기준으로 평가할 수 있을까? 공부를 통해 우리가 얻어야 하는 것은 '끈기'와 '문제 해결 능력'이다. 공부 아닌, 그 어떤 것에서도 우리는 이런 태도를 배울 수 있다. 한 가지를 오랫동안 지속하며, 어려움을 만날 때 포기하지 않고 견디는 힘. 하나의 분야에서 남들과 다른 특별한 성공 경험 혹은 꾸준함을 만든 사람은 또 다른 영역으로 그 자신감을 가져올 수 있다. 그것이 무엇이라도 괜찮다. 누군가에게는 공부가 될 수도 있고, 누군가에게는 악기가 될 수도 있고, 누군가에게는 운동이 될 수도 있다. 포기하지 않고 꾸준하게 지속할 수 있는 힘을 얻을 수 있는 것이라면 무엇이라도 괜찮다. 끈기를 배우는 방법이 반드시 공부여야 하는 것은 아니다.

내가 자라던 시절에는 좋은 대학을 나오고 안정적인 직장에 들어가서 오랫동안 직장 생활을 하는 것이 최고의 성공이었다. 우리 부모님들 세대에는 한 직장에서 정년까지 일을 할 수 있었다. 우리는 평생 천천히 부를 쌓고 은퇴 후 비로소 여유를 얻는 부모님을 보고 자랐다. 나 역시 삶이란 그런 것이라고 믿고 살았다. 그러나 과거의 방식대로 천천히 열심히 모으는 방식은 더 이상 성공 방정식이 아니다. 정년퇴직이 보장되는 직장도 없거니와 직장 생활로는 노후 대비도 충분하지 않다. 그러나 아직까지도 많은 부모들은 '좋은 회사에 취직'이라는 과거의 성공 법칙을 자녀들에게 그대로 물려주고 있다. 더 좋은 길을 알려주고 싶어도 경험이 없기 때문에 알려줄 수가 없다.

나의 어머니께서는 60세가 넘도록 자영업을 하셨고, 평생 자유라는 것을 누리지 못하셨다. 그러다 60세가 가까워서야 일로부터 조금 자유로워질 수 있었다. 나는 평생을 열심히 일하고, 은퇴 후 비로소 여유를 누리는 것이라고 생각했다. 노후를 위해 많은 금액의 연금과 보험을 납부했었다. 은퇴 후 안정적이고 편안한 삶을 원했기 때문이다. 노후 준비에 더 많은 노력을 하며 사는 나를 향해, 누군가는 '늙기 위해 사는 사람' 같다고 말하기도 했다.

우리는 늙을 때까지 여유로운 삶을 기다릴 필요가 없다. 『부의 추월차선』에서 엠제이 드마코는 현대인들의 삶을 세 부류로 나누어 설명했다. 인도, 서행차선, 부의 추월차선. 인도의 사람들은 워라밸을 외치며 현재의 만족을 위해 산다. 절대 부자와는 거리가 먼 가난한 삶을 산다. 서행차선에 있는 사람들은 아끼고 절약해서 겨우 중산층까지는 올라올 수 있다. 다만, 그들의 그 부를 이룬 시점이 너무 늦다. 은퇴할 나이 즈음에 경제적 여유를 얻는다. 그리고 부의 추월차선은 빠른 속도로 부자가 되어 젊은 나이에 부자가 되는 사람들이다. 이들 젊은 부자는 나만의 사업, 혹은 아이디어로 직접 비즈니스를 운영하거나 빠른 시간 안에 기하급수적으로 돈을 번다. 그는 은퇴 후를 위해, 소중한 시간과 돈을 바꾸며 열심히 사는 사람들을 '현대판 노예'라고까지 표현했다. 그는 부의 추월차선으로 젊은 부자가 되어야 한다고 했다. 모두가 젊은 부자가 될 수는 없을지도 모른다. 그러나 평생 열심히 일하고 은퇴 후 비로소 여유를 누리는 것이라는 나의 생각을 깨고, 새로운 세상에 눈 뜨게 했다.

왜 나는 더 젊은 나이에 자유롭게 살 수 있다는 생각은 하지 못했을까? 본 적이 없기 때문이었다. 은퇴 전까지 열심히 일하고 모으는 것을 너무도 당연하게 생각했다. 노동으로 돈을 버는 것이 너무도 당연했던 나였기에, 은퇴 전까지 자유라는 말을 떠올리기 어려웠다.

『돈과 인생의 비밀』이라는 책에서 저자 혼다 켄은 세상에는 '자유인'과 '부자유인' 두 종류의 사람이 있다고 한다. "한마디로 말하면 부자유인은 일상적인 일을 하지 않으면 생활할 수 없는 사람이네. 반면 자유인은 매일 아무 일도 하지 않아도 풍요로운 생활을 할 수 있는 사람이지. 경제적으로나 정신적으로도 자유롭기 때문에 자유인이라고 부른다네." 회사원, 공무원, 대기업의 고용 사장, 임원, 자영업자, 중소기업 경영자, 의사, 변호사, 공인 회계사 등 우리가 선호하는 직업들은 '부자유인'이라고 한다. 의사와 변호사는 수입 면에서는 많은 수입을 얻지만 자유인은 수입의 많고 적음과 상관이 없다. 일을 하지 않으면 곧 생활이 어려워지기 때문에 역시 부자유인이었다.

나는 직장 생활보다 자유로운 삶을 원해서 자영업자를 선택했다. 내가 좋아하는 일이지만, 자영업자의 삶은 정신이 쉴 수 없었다. 퇴근 후에도 늘 정신이 쉴 새 없이 머릿속에 바쁘게 돌아갔다. 부자유인 중에서도 자영업자가 가장 자유인에서 거리가 먼 사람이다. 정신이 쉴 수 없는 상태에 대해 나는 개인적인 성향이라고 생각했으나 이것은 자영업의 특징이었다.

자유인의 삶을 살기 위해 할 수 있는 일은 어떤 것들이 있을까? 직접 사업을 하고, 성공해서 돈을 벌 수 있다. 혹은 나의 경험, 지식, 특히 나의 메시지를 세상과 나눌 수도 있다.

또, 최근에는 무인 시스템 사업으로 돈을 버는 사람들이 많다. 무인 카페, 무인 스터디 카페, 무인 아이스크림 가게, 무인 반찬 가게까지. 가정집에서 배달만 하는 수제 샌드위치 전문점도 있다. 남들과 다르게 생각하면 남들이 볼 수 없는 새로운 기회들을 발견할 수 있다. 이들은 먼저 자신의 사업을 성공시킨 후, 비즈니스 성공 노하우를 교육 비즈니스로 확장한다. 즉, 그들의 사업 성공 노하우로 누군가의 시간과 비용을 절약해주며 새로운 돈을 번다.

이런 '메신저'들을 위한 다양한 온라인 플랫폼이 있다. 꼭 사업을 하는 전문가가 아니어도 괜찮다. 남들이 나에게 자주 물어보는 무언가, 남들을 돕기 위해 나눌 수 있는 나만의 무언가가 있다면 누구나 '메신저'가 될 수 있다. 이와 같이 타인의 문제를 해결하며, 도움으로서 부를 이룬 젊은 부자들이 있다.

〈한책협〉의 김태광 대표는 흙수저 출신 무스펙의 가난한 20대를 보냈다. 300권이 넘는 책을 쓰며 얻은 노하우로 책 쓰기 특허를 냈다. 그리고 그는 1,100명이 넘는 작가들을 배출하며 200억 자수성가 부자가 되었다. 그는 자신의 경험을 바탕으로 노하우를 나누며 책 쓰기 코칭을 한다. 그리고 많은 사람들이 돈을 벌도록 도움으로써, 그 역시도 많은 돈을 벌었다.

두 번째 메신저는 내가 경제 인문학 교육을 수강하며 만나게 된 아이스 강 대표다. 그는 PCM이라는 세일즈 코칭 교육을 하는 1인 사업가다. 그는 12년 동안 다양한 세일즈 업계에 종사하며, 영업인들을 위한 콜드콜 스크립트를 개발했다. 세일즈는 진입 장벽이 낮은 반면 쉽게 성과를 얻기 어렵다. 그는 콜드콜 스킬뿐만 아니라 무자본 창업을 위한 노하우를 나누며, 그의 수강생들 또한 '메신저'가 될 수 있도록 돕는다.

끝으로, 최근 20억에 자신의 유튜브 채널 〈신사임당〉을 매각한 주언규 PD도 메신저로 다양한 방법으로 성공 노하우를 나눈다. 그는 방송국 PD로 안정적인 직장 생활을 하고 있었으나 퇴사 후, 다양한 비즈니스를 시도했다. 그의 모든 비즈니스가 성공한 것은 아니다. 그러나 그의 비즈니스 중 스마트 스토어, 유튜브 등이 성공했다. 그는 자신의 성공 노하우를 교육 콘텐츠로 개발해서 새로운 수익 모델을 만들었다. 그리고 최근 100억 자산가가 되었다. 그가 방송국 PD로만 재직했다면 이런 경제적 성취는 이룰 수 없었을 것이다.

세 사람 모두 나만의 강점에 집중했다. 나만의 성공의 공식을 만들었으며 인내심을 가지고 그 시간을 견뎠다. 크고 작은 어려움을 겪었으나 성공으로 가는 길에서 겪는 당연한 과정이라 생각했다. 두려움을 극복하며 자신의 목표를 향해 전진했다. 그 과정에서 얻게 된 배움을 다른 누군가와 나눴다. 평범한 직장 생활로 얻을 수 없는 경제적 여유를 넘어 자유를 누리고 있다. 무엇보다도 이들은 자신이 사랑하는 일을 하며 행복하고 자유롭게 살고 있다.

이들 모두는 자유롭게 일하며, 억대 연봉을 버는 성공자들이다. 이들의 직업이 아직은 낯설게 느껴질 것이다. 그러나 이들은 직장에 매이지 않고, 내가 좋아하는 일을 하며, 많은 돈을 번다. 좋아하는 일을 자유롭게 하며 많은 돈을 버는 삶. 우리 모두가 원하는 삶이 아닌가? 돈을 벌기 위해서는 누군가의 문제를 해결할 수 있어야 한다. 객관적으로 상황을 볼 수 있는 관점이 있어야 한다. 나의 강점을 객관화할 수 있는 힘이 있어야 한다. 그리고 타인의 문제를 해결하기 위해서는 사람에 대한 호기심과 동정심이 있어야 한다. 끝으로 소통할 수 있는 소통 능력이 있어야 한다. 사람에게 돈이 있다. 돈을 벌기 위해서는 사람을 이해하고, 문제를 해결하고, 소통할 수 있는 힘이 있어야 한다.

공부를 통해 진짜 배워야 하는 것은 '문제 해결 능력'과 '꾸준함'이다. 나의 강점에 집중하고, 공급자의 관점으로 세상을 다르게 보자. 돈을 버는 기회는 모두 공급자들의 몫이다.

## 인생을 바꾸는 질문

---

1. 전통적인 방법이 아닌 새로운 방식으로 자유로운 부를 이룬 사람

을 생각해보자.

 

_____

 

_____

 

2. 내가 생각하는 나의 강점은 무엇인가? 5가지를 적어보자.

 

_____

 

_____

 

3. 새로운 부를 이루기 위해 할 수 있는 일 한 가지를 생각하고, 그 일

을 당장 시작해보자.

 

_____

 

_____

# 6

# 지금 당장 행복한 부자
# 엄마가 되라

끝점에서 상상해보자. 돈도 충분하고 당신은 이제 삶에서 부족한 것이 아무것도 없다. 이제 당신은 경제적으로는 매우 풍요롭고 원하던 것들을 모두 다 이루었다. 아무리 써도 부족함이 없다. 그렇다면 당신은 이제 무엇을 할 것인가?

사람들은 돈이 풍족하면, 돈을 계속 소비하는 것으로 행복을 얻을 수 있을 것이라고 생각한다. 사람에게는 한계 효용이라는 것이 있다. 같은 경험을 두 번째 했을 때 시간이 지날수록 만족감이 점점 줄어드는 것이다. 예를 들어, 당신의 희망 소득이 월 1,000만 원이라고 가정해보자.

1,000만 원을 번 첫 번째 달은 너무 행복할 것이다. 그러나 다음 달에 같은 금액을 번다면, 첫 달만큼 행복하지는 않을 것이다. 그보다 적은 소득이 발생되면 우울하거나 불안하기까지 할 것이다.

우리가 걱정해야 할 순간은 모든 것을 다 얻은 그 순간이다. 돈이 많다면 모든 문제를 다 해결할 수 있을 거라고 생각하지만, 돈으로 해결되지 않는 문제가 있다. 그렇다면 어떻게 해야 할까? 정말 중요한 것은 부족함이 없는 최고의 순간에 당신이 예상 못 한 위기다.

돈도 벌고 명예도 얻고 원하던 성공을 이루었다. 그러나 만일 건강을 잃는다면? 건강과 바꾼 성공은 사실 성공이라고 부를 수도 없다. 혹은 열심히 일하고 부와 명예를 쌓는 동안 가정에 문제가 생겼다면? 과연 그 성공은 가족과 바꿀 만큼의 가치가 있는 것인가?

많은 사람들이 바쁘다는 핑계로 중요한 일들을 미룬다. 그러나 중요한 일들을 먼저 하지 않는다면 삶은 한 방에 무너질 수 있다. 엄청난 부를 이룬 사람이 삶의 의미를 찾지 못하고 방황하는 경우도 있다. 혹은 부와 성공 모두를 이룬 사람이 공허함으로 어리석은 선택을 하고 한순간에 무너지기도 한다. 누군가는 여기에서 '행복하기 위해 돈은 필요하지 않다.'라고 생각할 것이다. 돈과 행복은 각각 별개다. 각각을 별개로 보살펴야 한다. 돈만으로 행복한 것은 아니지만, 돈이 없거나 부족한 상태로 행복하기도 어렵다.

언젠가 기회가 되면 하려고 마음먹었던 일들을 생각해보자. 왜 그 일들을 오늘 당장 할 수 없는가? 우리에게 남은 시간은 그 누구도 알 수 없다. 그 '언젠가'는 끝내 오지 않을 수도 있다. 그렇기에 우리는 오늘을 삶의 마지막 순간처럼 생각하며 소중하게 살아야 한다. 우리가 미루는 그 일들은 시간이나 돈의 부족이 아닌, 마음의 여유가 없어 못 하는 경우가 많다.


나의 부모님은 내가 초등학교 6학년 때부터 별거를 시작, 내가 성인이 된 후 이혼을 하셨다. 내가 자라던 시절에는 부모의 이혼은 매우 드물고 특별한 일이었다. 그 자체로도 동정을 받거나 편견 어린 시선을 받기도 했다. 나의 부모님께서는 할 수 있는 이상으로 세 딸들을 위해 최선을 다해주셨다. 그렇지만 화목한 친구의 부모님을 보면 부럽기도 했다.

부모는 자식에게 아무리 최선 이상을 다해도 늘 미안함이 먼저 앞선다. 자식은 부모가 아무리 할 수 있는 이상을 했어도 상처가 먼저 생각난다. 나는 부모님의 이혼과 관련해 성장 과정 중 내가 겪었던 상처에 오래도록 집착했었다. 20대에 만나던 남자친구에게 우리 부모님의 이혼 사실을 죄지은 사람처럼 망설이며 고백하던 일, 대학 때 가장 친했던 친구에게 나의 가정사로 받았던 상처. 겉으로는 밝은 듯 살았지만 부모님의 이혼에 대해 자유롭지 못했다. 어느 날 나는 부모님의 이혼이 문제가 아니라, 나의 관점이 잘못되었다는 것을 깨달았다. 올바른 관점이 없다면 자기 연민으로 자신의 상처에만 몰입될 수 있다. 그런 못난 관점으로는 현실을 제대로 볼 수 없다. 이미 가진 것들에 대한 감사함을 볼 수 없다.

다시 나의 삶을 돌아봤다. 나의 부모님께서는 늘 할 수 있는 이상의 최선을 다하셨다. 그리고 두 분께서 열심히 사는 모습을 보며 우리는 삶을 대하는 태도를 배웠다. 일흔이 훌쩍 넘은 나이까지 직장 생활을 하셨던 아버지께서는 꾸준함과 성실함을 가르쳐주셨다. 또한 무엇이든 끊임없이 배우고 인내를 가져야 한다는 것을 알게 해주셨다.

어머니께서는 예순이 다 된 나이에 사진을 취미로 시작하셨다. 그리고 정말 무서운 속도로 공모전에 참여하며 빠르게 작가가 되셨다. 어머니께서는 무엇이든 시작해서 10년쯤 하면 전문가가 될 수 있다고 말씀하셨다. 일흔이 넘은 나이지만 시를 배우시고, 해당 분야의 전문가의 인정을 받고 있다. 내년 봄쯤에는 어머니 이름으로 된 시집을 출간하실 계획이다.

어머니께서는 두려움 없이 늘 새로운 일에 도전하셨다. 어머니께서 평생 새로운 분야에 도전하며 돈을 벌 수 있었던 것은 자신에 대한 용기와 믿음 덕분이셨다. 어머니는 세 딸들에 대한 믿음 역시 확고했다. 그 확고한 믿음은 어머니 자신에 대한 믿음에서 출발한다. 자기 자신을 믿을 수 있는 사람은 타인을 믿을 수 있다.

내가 서른 중반쯤 되었던 어느 날 아버지께서는 뜻밖의 말씀을 하셨다. 좀 더 인내하며 어머니와의 결혼 생활을 유지하지 못한 것을 후회하셨다. 혹시 '지금이라도 두 분께서 함께하며 서로 의지가 되어주시면 어떨까?'라는 생각을 해봤다. 사실 그러기엔 시간이 너무 많이 흘렀고 각자에게 익숙한 삶이 있었다. 결국 그 생각은 어린 시절 결핍을 채우고 싶은 나의 욕심이라는 것을 깨달았다. 부모님은 이혼 이후에도 딸들과 관련해 필요한 일들을 상의하셨고, 우리 생일에는 함께 모이신다.

이 책이 완성되던 같은 날 우리 가족에게는 역사적인 사건이 있었다. 둘째 동생의 생일을 맞아 축하 파티 겸 한자리에 모였다. 그리고 35년 만에 가족이 함께 모여 가족사진을 찍었다. 평생 처음 찍어보는 사진에 아버지는 굉장히 어색해하셨다. 일흔 여섯의 나이에 처음 찍는 사진이며, 장시간 포즈를 취하는 일은 쉽지 않았다. 그러나 딸들의 바람이기에 아버지는 최선을 다하셨다. 가족사진 촬영을 마치고 댁으로 돌아가신 후 아버지께서는 나에게 메시지를 보내 오셨다. "큰딸 급행 만나서 방금 도착했다. 덕분에 사진 찍었어. 35년 만의 가족사진. 너무 고맙다." 한 글자 한 글자를 찾아서 꾹꾹 누르며 메시지를 보내는 아버지의 마음은 어떤 것이었을까를 생각해보았다.

삶에는 나의 선택이 아닌 일이 생기기도 한다. 관점이 없고 생각이 부족하던 시절에는 나의 어린 시절과 내가 처한 환경을 원망하기도 했다. 그러나 올바른 관점을 갖게 되니 과거의 결핍이 얼마나 고마운 일들이었는지 깨닫게 되었다. 그리고 현재의 삶에 감사하니 더 많은 기회들을 얻을 수 있었다. 나의 선택이 아닌 일에는 그 상황에 '최선의 대응'을 할 뿐이다. 그리고 과거에 대해 우리가 할 수 있는 일은 그저 겸허히 배움을 얻는 것뿐이다.

우리는 과거를 후회하거나 죄책감을 느끼며, 미래를 두려워하며, 현재에 집중하지 못한다. 우리가 바꿀 수 있는 시간은 오직 현재뿐이다. 어제의 삶이 마음에 들지 않는다면 오늘을 바꿔서 내일을 바꿀 수 있다. 그러나 우리의 삶은 각오, 다짐, 그리고 어긋난 실행으로 인한 반성과 후회의 연속이다. 잘해보고 싶지만 생각처럼 되지 않고, 때로는 상황이 도와주지 않는다. 다정하고 자상한 딸이고 싶지만 현실은 뜻대로 되지 않는다. 다음엔 잘해야지 다짐하지만 다음에도 크게 다르지 않다. 우리는 한

없이 부족하고 미숙한 인간들이다. 그렇기에 같은 실수를 반복하기도 한다. 그러다 실수를 통해 배움을 얻기도 한다. 필요한 교훈이 있다면 인생은 삶을 통해 배움을 얻도록 한다. 충분히 배우지 못했다면 그 교훈은 반복된다. 마치 게임에서 해당 레벨을 정복하지 못하면 처음부터 반복해야 하듯 우리의 삶도 그러하다. 많은 사람들이 말하는 인생의 게임 이론에 나는 격하게 동의한다.

아이를 잘 키우고 싶은 마음은 어떤 부모나 같다. 그러나 부모가 된 이후 나의 삶에 대한 고민은 부족하다. 아이를 기르는 데 가장 중요한 것은 내 아이에 대한 믿음이다. 그 믿음은 나에 대한 믿음에서 출발한다. 내가 충분히 좋은 삶을 살고 있다면 내 아이도 잘 살 수 있다는 믿음을 가질 수 있다. 반면 나 자신에 대한 믿음이 부족하다면 아이에게도 약한 믿음을 갖게 된다. 약한 믿음은 많은 개입과 간섭을 하게 한다. 부모가 만든 좁은 세상 안에 아이가 오히려 갇히게 된다.

우리는 돈을 벌면서 가장 많이 배우고 성장한다. 돈을 벌어야 하는 진짜 이유는, 그 과정에 삶의 모든 진리가 담겨 있기 때문이다. 누군가의 문제를 해결하고 도운 것에 대한 경제적 보상이 바로 '돈'이다. 부자들은 누구보다 더 치열하게 열심히 일하며 자신의 일을 사랑한다. 그들이 열심히 일하는 이유는 누군가를 도울 때 가장 큰 보람과 진짜 행복을 얻기 때문이다. 그리고 그 선한 행위는 더 큰 경제적 유익으로 다시 돌아온다.

먼저 나 자신을 믿고, 나의 아이들을 믿자. 행복한 부자 엄마로 나 자신의 삶을 먼저 잘 가꾸자. 자신의 삶을 잘 가꾸는 부모를 보고 자란 아이들은 무의식 중에 부모의 태도를 배우고 따라 하게 된다. 가장 바람직한 모습은 '부모를 롤 모델'로 삼고, 아이 스스로 부모의 삶을 닮아가는 것이다. 가까운 사람에게 존경을 받는 일이 얼마나 어려운 일인가? 내가 경험한 작은 세상에 내 아이의 가능성을 가두지 말고, 더 넓은 세상을 향해 더 크게 자랄 수 있다고 믿자. 아이들은 우리의 바람이 아닌 믿음대로 자란다. 잊지 말고 기억하자! 부자 엄마는 자기 자신에게 먼저 투자한다. 가장 가치 있고 확실한 투자는 나 자신에게 하는 투자다. 행복한 부자 엄마로 시간적, 경제적, 정신적 여유를 넘어 진정한 자유를 얻는 그날까지. 당신의 성장을 뜨겁게 응원한다.

## 인생을 바꾸는 질문

1. 모든 것을 다 이룬 끝점에서 당신은 무엇을 하고 싶은가?

_____

_____

2. 과거의 결핍이 성장의 원동력이 되었던 경험이 있는가? 모두 적어

보자.

_____

_____

3. 현재 내가 삶에서 느끼는 감사함을 모두 적어보자.

_____

_____

_____